U1009288

# 互动中的传播与共识

郭媛媛 ◎ 著

首都经济贸易大学出版社
Capital University of Economics and Business Press
·北 京·

**图书在版编目（CIP）数据**

互动中的传播与共识 / 郭媛媛著. --北京：首都经济贸易大学出版社，2023. 5

ISBN 978-7-5638-3485-3

Ⅰ. ①互…　Ⅱ. ①郭…　Ⅲ. ①社会科学—文集
Ⅳ. ①C53

中国版本图书馆 CIP 数据核字（2023）第 039134 号

**互动中的传播与共识**
**郭媛媛　著**

---

**责任编辑**　晓　地
**封面设计**　砚祥志远·激光照排　TEL：010-65976003
**出版发行**　首都经济贸易大学出版社
**地　　址**　北京市朝阳区红庙（邮编 100026）
**电　　话**　（010）65976483　65065761　65071505（传真）
**网　　址**　http://www.sjmcb.com
**E-mail**　publish@cueb.edu.cn
**经　　销**　全国新华书店
**照　　排**　北京砚祥志远激光照排技术有限公司
**印　　刷**　北京九州迅驰传媒文化有限公司
**成品尺寸**　170 毫米×240 毫米　1/16
**字　　数**　227 千字
**印　　张**　13
**版　　次**　2023 年 5 月第 1 版　2023 年 5 月第 1 次印刷
**书　　号**　ISBN 978-7-5638-3485-3
**定　　价**　49.00 元

---

**图书印装若有质量问题，本社负责调换**
**版权所有　侵权必究**

# 努力成为“书香中国”推动者

## （代前言）

本书是我在十三届全国政协委员履职读书活动中，参与委员读书、互动、交流的认识、思考与记录！

三年前，按照习近平总书记关于“组织广大政协委员多读书、读好书、善读书，努力提高思想水平和能力素质”重要指示精神，在全国政协党组领导下，全国政协委员读书活动热烈开展起来。时至今日，我还清楚地记得2020年2月20日朱永新委员（时任十三届全国政协副秘书长）领衔的全国政协委员读书活动开始试水，2020年4月23日委员读书活动正式启动、首期网上书群拉开帷幕的情景。

那时起，汪洋主席关于政协委员应当是“最喜欢读书、最有条件读书、最能把书读好的群体”的指示精神，深入到每位政协委员心间，也落实在大家的履职行动中。十三届全国政协书卷常开、灯火不熄，委员们在线上读书平台学习、交流、资政、建言；十期读书活动压茬上线，读书主题涉及政治、经济、文化、社会、历史、政协工作等内容；占总数98%的委员进入全国政协书院“增长知识、增加智慧、增强本领”。十三届全国政协委员读书活动蔚为大观、是为常态。

我们从阅读《病毒来袭》《逼近的瘟疫》开始，进入120多个主题读书群，既学“四史”，也学中华文明探源、铸牢中华民族共同体意识；既学毛泽东诗词、革命烈士诗抄，也学《诗经》、唐诗、宋词；既学中国共产党人的战略思维、“两山”理论、《民法典》，也学科技创新、5G技术、人工智能……在不断的学习中，拓宽了视野，积累了知识，也促进了自身的进步。

委员读书活动，让全国政协委员拥有了永不熄灯的大学堂。从凌晨到深夜，我们随时登录委员读书平台，跟着专家深入学，跟着委员导读学，跟着大家互动学，通过跨界别、层层深入的线上线下研讨交流，深化了对重大问题的认识，拓展了协商深度和内涵。在日复一日、持续跟进的互学互鉴中，营造了畅所欲言、各抒己见、学学互进的氛围，推动实现了思想上的共同进步。而政协委员把读书作为协商议政的“必修课”“基本功”，把读书作为更好凝聚共识、加强中华儿女大团结的重要举措，并在全民阅读中走在前列、做出表率，要成为书香社会建设的有力推动者，要在全社会带领、促进崇尚知识、热爱读书良好风气的养成。

基于此，秉持一名政协委员的认识自觉和履职自觉，我从2020年2月20日委员读书活动试水期开始，就全身心融入、参与读书活动中。我不仅活跃在各期、不同主题的读书群互动发言或导读，还有幸连续六期担任全国政协委员读书活动“国学”读书群群主。读书交流，充盈了我的知识储备、提升了我的思想认识，也成为我为国履职、为民尽责过程的部分记录与成长写照！

在连续三年获得全国政协委员读书积极分子的同时，至2022年2月我参与其间的自学、互动、交流，已有30余万字的读书思考与体会。感谢首都经济贸易大学出版社薛捷和本书责编老师的不辞劳苦，从涉题广泛、内容庞杂、形式不一的文字中，选择其中部分内容成稿。

委员读书活动在十三届全国政协主席汪洋以及各位副主席身先士卒、以身示范的领导、带领下，在刘奇葆副主席亲任组长的委员读书指导组谋篇布局、稳步推进中，在各专委会同志联络协调、沟通协同里，得以系统化、有序、扎实开展。委员线上读书是有政治站位、职责站位、目标站位的特殊共学形态！在与戚建国、叶小文、蒋作君、裘援平、张连起等委员的学习、相伴中，以即时、动态、交互、共进为特点，围绕重要议题及为国为民履职需要，众多委员多点参与、互动，多角度拼接、共构文化共识、观点碰撞、认识提升！

由此，围绕一定主题展开的议政性即时互动交流内容，使得本书在文字表达和文章著述严谨性上，存在着当时引用（无法一一注释、联系）、交流随意、思考浅显等问题。为此，先行向读者致歉。

直面百年难遇之大变局，政协委员需要以远见勘破迷雾，以定力处变不惊，以素养优秀履职，以能力为国为民！在大国走向强国的变局中，全国政协委员读书活动实乃成就大道，更是助力伟业宏图的强化版推进！在共学中相互促进，在共学中实现履职，在共学中达成共识！

一切过往，皆是序章！实录以上，为留珍贵、难忘的记忆。在接下来十四届全国政协委员的五年任期，我必将更加努力前行，不辜负日夜兼程、灯火相伴的委员读书及履职曾经！

是为致敬！

# 目录

## 第一部分　阅读篇

## 第二部分　讲读篇

## 第三部分　思考篇

## 第四部分　共识篇

## 第五部分　漫谈篇

# 第一部分　阅读篇

# 一、说过“雄关漫道真如铁”，再说“而今迈步从头越”

“在下一波流行病袭来之前，人类如果不能更好地预测、控制疾病的蔓延，后果将不堪设想。”“预则立，不预则废！”在面对不同疾病时，人类要想立于主动地位，需要回答并解决“什么是发现新病毒的最佳方法？如何能消灭更多致死性新病毒？”的问题。本章主要谈策略和方法。

《病毒来袭》第十章《大数据时代的流行病预测》围绕识别流行病源头、描绘病毒进化路线、预测流行病发生三个方面，在微观层面具体呈现大数据时代识别、预测病毒和流行病的最新技术应用、科学研究进路与工作实践进展。核心内容架构见图1。

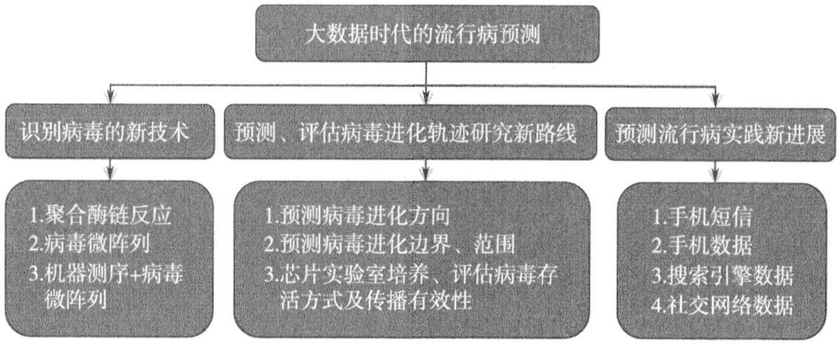


**图1　核心内容架构**

## （一）本章主要内容

从当代流行病学奠基人之一约翰·斯诺（John Snow）1854年在伦敦霍乱疫情中首次采用访谈、病例识别和绘制地图查找病源的方法说起，本章包括三个层面的内容。

**1. 识别病毒的新技术**

分子生物学、分子信息学等新技术、方法的运用，改变了调查疫情、了解疾病传播的研究方式，以及人类监测、遏制疫情的方法。在识别疫情源头微生物方面，基于基因序列大数据识别的几种新技术正在应用和发展中。

**技术一：聚合酶链反应（PCR）技术。**从微生物节选微小基因信息碎片进行数十亿次拷贝，通过阅读基因序列可了解微生物的所属家族，分清是哪种病毒。

**技术二：病毒微阵列（viral microarray）专用芯片。**以已知病毒家族基因信息的阵列形式排列，用于病患样本病毒序列新微生物的识别，认清是什么病毒。

**技术三：机器测序+病毒微阵列方法。**从病患样本（如一滴血中）既解读哺乳动物（宿主）大量基因序列数据，又对混杂其间的微生物每一个基因信息测序，即时分析病毒，找到致病源踪迹。

面对新研究技术产生的几十亿条基因信息，美国国家卫生研究院建有超过 1 000 亿个基因序列信息的基因库（每年还在迅速增加），出现病毒基因新序列，能与基因库已有序列进行电子比对和序列确认。

**2. 预测病毒进化轨迹的实验性研究**

兴起的流行病预防学有三个目标：一是尽早识别地方性流行病；二是评估地方性流行病演变成全球性流行病的概率；三是在致命的地方性流行病演变成全球性流行病之前有效遏制。

为解决对病毒演进路径和进化边界的预测，以及地方性传染病全球蔓延可能性的评估问题，正在推进中的前沿性研究有三项。

**研究一：**美国国防部高级研究计划局研发的“预言”项目，结合技术手段与全世界病毒热点地区的专家团队研究支持，致力于预测病毒的进化走向。

**研究二：**加州大学旧金山分校劳尔·安迪诺（Raul Andino）的前沿实验病毒学家团队，通过记录和研究病毒群应对不同环境情况，致力于确定一个病毒群进化的边界范围。

**研究三：**生物工程师史蒂夫·奎克（Stephen Quake）在压缩芯片——微流体平台开展细胞培养实验（几厘米长的芯片实验室有 96 个单间，置于其中的细胞生长可被测量、操控），芯片系统能准确指出病毒在哪种细胞里存活及可能的传播路径（通过血液或打喷嚏等），可以评估新病毒传播速度和有效性。

**3. 大数据时代流行病预测的实践探索**

要遏制流行病的蔓延，就要做好疫情流行前的发现和预测工作。利用现代信息传播技术，结合大数据系统全面分析，人类预测流行病的愿望有望成为现实。

数字流行病学专家拉奇·古拉斯卡拉（Lucky Gunasekara）首先使用手机预置代码和短信形式，实现地方诊所监控和医疗信息共享。结合信息技术，在流行病预测方面采用或尝试采用的路径有：

**路径一：基于手机短信。**在更多的国家采用电子医疗记录的情况下，人们通过手机短信报告健康问题，一方面得到医疗网络的有效监测；另一方面可方便对大量用户信息进行分析——调查人群健康异常现象，通过反馈至公共卫生反应系统，及早发现流行病的苗头。

**路径二：基于手机数据。**手机自动回传电信运营商用户位置、社会关系和其他社会行为的大量数据，可成为侦察流行病的潜在传感器；结合卫生组织、机构资料，分析用户数据记录，可捕捉流行病早期扩散趋势。

**路径三：基于搜索引擎数据。**通过搜索与流感症状、治疗相关的词汇，谷歌地图在海量数据即刻获得基础上，建立了比美国疾控中心准确率更高的预测流感趋势系统。结合谷歌地图的搜索引擎数据，建立流行病预测系统。

**路径四：基于社交网络数据。**巨大的在线社交网络，是更为便利、廉价的监测系统。数以亿计的信息，在用于分析流行病信息出现频率中，成为监控新疫情的“哨兵”，能为新感染源在社会上扩散提供预警。

与斯诺首次采用 GIS（地理信息系统）叙述呼应、对照，内森·沃尔夫博士带领的团队，正努力建立复合的“GIS”——数字化和生物学相结合的疫情聚合图（mash-up）：含层层关键信息，有人们所在的位置、关注点、感染的微生物、去过的地方、联系的人等；借此，进一步对不同疫情数据进行比较分析，考察实际疫情中影响、作用的不同因素，整合、配置所有技术手段，以最终实现流行病预测效力最大化。

## （二）小结

（1）基于生物信息学基因序列，运用聚合酶链反应、病毒微阵列，以及机器测序+病毒微阵列等新技术，人类加快了准确识别病毒的精度和速度。

（2）伴随兴起的流行病预防学，致力于预测病毒的进化方向、廓清病毒进化边界、评估病毒的存活方式及传播有效性，科学研究朝向病毒致病原理、传染的根源、机理、路径的提前描绘。

（3）与现代信息传播平台联动、数据共享，分析手机微信、手机数据、搜索引擎数据和社交网络数据，科学防疫实践向提前预测流行病又迈进了一步。

### （三）本章启示

提前甄别病毒，追踪、预测疫情轨迹及蔓延趋势，是流行病的防控难点、痛点，要解决这一问题需要做好以下工作：

（1）“站位前移”。建设、完善疫情蔓延的前“哨”（负责疫情蔓延前的侦查、识别）体系和机制，并进一步明确谁是哨兵、谁来吹哨、谁来执哨，哨位布置在哪里（线上、线下等），哨位存在的情况如何（暂时、长期；常态、机动等），顺畅运行的制度、保障是什么，等等。

（2）“工作创新”。准确识别、精细勾画、提前预测病毒进化及疫情蔓延趋势，需要以跨学科、创新性思维，跟上新技术，提前使用新方法和新手段。如用好大数据技术的海量信息集成、即时分析特质，对可能出现的疫情及时预测；用好互联网技术链接、互动优势，与信息传播平台、体系协同工作；用好人工智能技术对复杂工作的智慧处理能力，促进精准预测。

（3）“布局超前”。流行病防控是人类的共同事业。我们应不懈努力，实现全球识别病毒、预测流行、精准防控、综合作业、协同共建的一体化系统构建与常态运行；要在即将开展的生物信息网络、社会信息传播网络一体化建设到来之前，超前布局，将公共卫生防治任务设置其中，以我们的主动构建和科技领先，促进人类更快、更好地实现流行病的预测。

### （四）本章金句

（1）大数据的价值不仅仅体现在营销上，这一持续信息流貌似单调，但能够救你的命。

（2）我们最终希望能将疫情侦查工作实现群众外包，将患者提供的零散信息汇集在一起，勾画出从疫情开始到随后扩散的实时画面。

（3）未来不可能出现一种数据包打天下的局面。

（4）谁将是最终的赢家？是流行病将横扫人类，毁掉数百万条生命，还是科技将策马前去，拯救人类？

## （五）具体建议

（1）在提速、加强工业互联网、公共卫生互联网、通信互联网等“大数据基建”的同时，加快国家主导的各类基础性数据资源库建设，包括病毒基因数据库、个人生物信息数据库等。

（2）充分认识社会力量在当代中国发展中的地位，认识现代信息传播技术和平台的重要性，加强政府与社会——如民企力量——在公共事务中的优势互补、常态合作。就国家公共卫生防疫工作，建立与百度、阿里、腾讯等企业的数据共享、信息追踪、研究协同等日常化、制度化协作。

（3）加强与全球公共卫生防疫体系开放性的深度合作，继续树立形象，提升实力和影响力；鼓励、支持国家相关实验室与世界各地医疗专家开展各种形式的专题研究合作等。同时，更要内强功底，在国家公共卫生基础设施、平台架构、体系机制、人才队伍等方面，下大力气科学、专业、踏实地建设、完善，努力建好中国特色强大的公共卫生防疫、应急体系。

# 二、以“液态网络”破局、创新

## ——《人类的终极问题》第三章“人类的创造力是从哪里来的”导读

袁越博士在《人类的终极问题》中探讨“人类是从哪里来的?”“人类到底能活多久?”之后，第三章讨论“人类的创造力是从哪里来的?”这是对人之“来”、之“去”的终极思考后，用创造力为人之“在”的注释。“在”是当下，是过程，是人如何通过创造——尝试新东西、新方法让自己更好地活下去的人类价值、意义，以及存在的模样和状态。跨越亿万年的地球生物演进状态，追溯亘古人类生命进化史，如作者所言：“不但把人类的创造过程梳理了一遍，而且把生命定义成大自然最伟大的创造，然后把人类和生命的进化能力联系在一起，论证两者在原理上的相似性：它们全都不需要上帝的参与就能实现。”

### （一）本章主要内容

本章主要内容如图 1 所示。

**1. 创造力与宇宙创造生命一样不需要提前规划**

创造力的出现与宇宙创造生命大部分机制同理、同向，都要在液态混沌中以变化应对进化不确定性然后逐渐进化；需要有不同基因（知识储备），再通过基因突变或者杂交产生新组合（洞悉时刻），最终由大自然（创造者或者公众）负责筛选，优胜劣汰；本质都是“只需一个信息自由交换的平台，以及一个允许一定范围内试错的机制”。

（1）宇宙创造（生命出现）。违反通行的熵增定律（宇宙熵值将会不停地增加，导致越来越无序），宇宙创造出了唯一一个例外：有序的生命。因为生命具有两个最基本并互为因果的特征——新陈代谢和基因复制，其中，新陈代谢为基因复制提供能量，基因为新陈代谢提供蓝图，使有智慧的人出现。

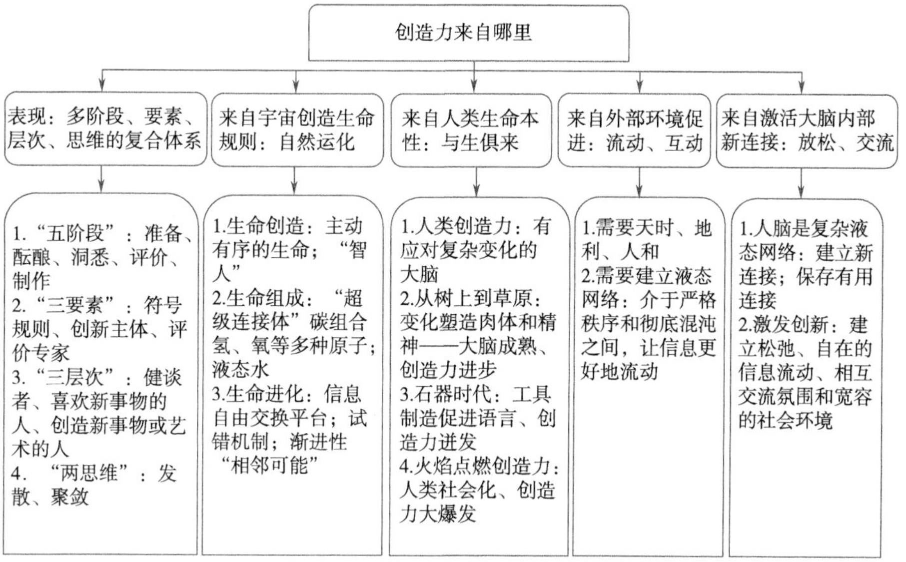


**图1**

（2）生命诞生（生命组成）。温度在0~100℃范围内能让不同种类分子随机碰撞、让新组合保持稳定性的液态水，以及能和四个不同原子相结合的“超级连接者”碳原子，再由氢、氧、氮、硫、磷等辅助性原子组成了碳基生命——有机物。

（3）物种进化（生命演进）。35亿年前生命出现：所有生命源于同一祖先“卢卡”，分成为细菌（bacteria）和古细菌（archaea）两支，通过更新适应不断变化的环境。20亿年前一个古细菌吞了一个细菌：活下来的细菌和宿主彼此依赖、共生，并演变成专门提供能量的线粒体，带来古细菌体积扩大上万倍变成真核细胞。5.5亿年前寒武纪物种大爆发：第一个多细胞生物出现，细胞间合作成为常态，当今地球绝大部分生物原型出现，进化速度指数级增长，生命迎来质的飞跃。

美国进化生物学家斯图尔特·考夫曼（Kauffman，2002）曾提出生物进化的“相邻可能”原则，他指出复杂生命不能从简单生命直接进化，只能一点点改变、进化到原来相邻的地方。由此规定了人类创造力受环境限制、持续继承才能创新的特性。

**2. 创造力是人类与生俱来的本性**

创造力是根植于人类生命的根本天性和初始基因，存在、生长、伴随于人类整个进化过程。

（1）人人都有创造力。人人都有智慧的大脑，专门收集、汇总来自感官的环境信号，运算处理后向运动器官发出指令，大脑具有“重复抑制”机制，为减少应变创新的能量损耗，在发现事物规律或无影响环境因素时，大脑会自动降低关注度、简化处理程序或放入“潜意识”；因为善于掌握规律使人类得以从动物界脱颖而出；一生被保守（如寻找规律自保）和扩张（如探索、冒险，从危险中获得快感）两种指令所影响。

（2）从树上到草原。森林塑造人类肉体和精神，促进大脑成熟。

| 行为、肉体变化 | 进化效果 |
|---|---|
| 手指灵巧 | 方便抓牢树干 |
| 拇指对应四指 | 方便制造工具，促进从猿到人 |
| 双眼移到脸的正前方 | 准确判断树枝位置和距离 |
| 色彩感知力提升 | 辨别果实是否成熟 |
| 视觉中枢变大 | 处理复杂视觉信号，精确感知细节变化 |
| “臂跃” | 计算动作结果进化出计划能力，为想象力、抽象思维能力的出现奠定基础 |

草原加快人类社会化进程，促进创造力提升。

| 行为、肉体变化 | 进化效果 |
|---|---|
| 直立行走 | 能量使用效率高，适合长距离跋涉 |
| 褪去毛发、只留头发 | 提高散热功效 |
| 视野扩大 | 大脑信息量成倍增加，提高了信息处理能力 |
| 上肢闲置 | 制造工具，与黑猩猩走上不同进化之路 |
| 集体行动 | 700万~500万年前，群体数量扩张，人类脑容量、新皮层快速增加，智商飞跃 |
| 脑指数居首 | 需要更多肉食，主动捕猎需高超智商和团队分工协作，促进人类成为社会性动物，而获得营养后脑容量进一步增加 |

续表

| 行为、肉体变化 | 进化效果 |
| --- | --- |
| 直立行走使骨盆不能太大 | 婴儿需在子宫外完成身体和大脑后天发育，大脑的可塑性带来适应性极强的后天学习系统，为创造力的出现奠定了基础 |
| 分娩后母亲照顾婴儿 | 改为一夫一妻制，让每个成员在族群中地位平等，创造力开始提升 |

（3）石器时代。70万年前需预先设计五六套工序的“阿舍利石器”制造，以协同进化方式刺激大脑形成高级思维；工具制造促进了人类语言向精确描述复杂、抽象的事情进化；当人类思想传承保真度超过一定阈值，出现的大规模的思想交流为创造力大爆发做好了准备。

（4）火焰点燃创造力。火的使用改变了人类生活；人类因不同族群协调合作、交流信息，提升了智力水平，促进了创造力的发展。

**3. 实现创造力需要外部环境激发**

即使是创造力惊人的天才，天赋等遗传特质能促进其从小对某个领域产生兴趣，更早接触相关领域边界，但想有所突破同样需要艰苦的知识准备、探索试错；新创造是为社会服务、被社会评价的，当然需要外部的配合、支持，天时、地利与人和全部具备，缺一不可。

美国计算机科学家克里斯托弗·朗顿（Christopher Langton）提出“液态网络”理论，即建立严格秩序和彻底混沌之间的中间地带——“混沌的边缘”，促进创造力实现。如作者所言：气体彻底混沌，新结构随时出现但又随时瓦解；固体严格秩序，虽结构稳定，但杜绝了新结构出现的可能性；只有液体，既能让新鲜事物顺利出现，又可以让好的创新稳定下来，并不断扩大边缘，探索“相邻可能”。

对人类创造力来说，建立“液体网络”就是提供信息流动，促进文化传承，支持打破边界，实现渐进创新。

**4. 实现创造力需要激活新连接**

人脑是宇宙间最复杂的“液体网络”，善于建立新连接、保存有用连接，因此人类具有非凡的创造力；灵感是一组从前未曾联系的神经元突然连接，或联系不够紧密的一组神经元被强化，如连接有用，就上升到意识层面成为创新。设法激发大脑神经元创新连接，是促进创造力实现的捷径。

信息共享时代的到来，带来了人类创造力的大爆发；交流、依存、合作、共进，才是作为自然创造物、社会创造者的人类生命应有的正确姿态。

## （二）本章金句、感想与建议

### 1. 金句摘录

（1）生命不需要神来创造，只要提供一个能够让不同的原子自由交流的液态环境，就有很大的概率创造出生命。

（2）生命的进化过程说明了一个道理，那就是相互合作才是创新的最佳途径。真正伟大的创新，都是由若干个不相干的领域彼此融合后产生的，光靠一个人单打独斗是不行的。

（3）人类这个物种到底能否延续下去，就看我们的创造力能否跟得上了……想尽一切办法将这种天性发挥到极致，帮助我们渡过必将到来的难关。

（4）尝试新的生活方式是需要冒险的，如果生存条件恶劣，动物们最好的应对方式反而应该是守旧，因为它们没有资本去冒险。人类也是如此，只有对失败的惩罚力度变小了，人类才有闲心和勇气去尝试新的东西。

（5）创造力的进化和生物进化一样，都不是事先规划好的，而是修修补补、见招拆招的结果。

（6）旅行会强迫一个人离开自己的小圈子，扩大自己的知识边界，从而更好地探索“相邻可能”，创造力就是这么来的。

### 2. 阅读感想

（1）从原理上看：“天人合一”，即顺应宇宙、自然运化是人类应该遵从的最基本原则。①宇宙创造生命来自液态混沌，创造力来自液态混沌；营造与液态混沌类似的环境、规则，寓有序于无序、寓刚性于柔性、寓边界于无界，类似“生命母胎”的“液态网络”，更有利于激活、激发人类生命原始创造活力。②创造才有生命，创造是生命的本身，没有创造就没有生命的存在和未来。

（2）从人与创造力关系上说：①既然创造力是人类的天性，创造力发挥和实现与否，在于每个主体有意、无意的选择和内、外部环境的激发。②创造力既是人之为人的根本特质，是否激活、激发创造力，事关人类存在价值，以及“活”的质量。③创造力既然是人类更好“活”的体现和表达，激发创造力可以成为个体或群体存在的理由、依托和终极目标。④一个有发展潜力和远大未来的社会，必定是具有持续激发、有效激活每个成员创造活力的社会。

（3）从创造力激活上谈：①提供更多的信息流动；②促进更多人群、更广范围的交流与互动；③形成更多的共同面对、协同合作；④构建鼓励、推动社会创新的社会体系与机制，营造追求创新、允许试错也容错的文化舆论环境与氛围，秉持政府主动为创新担责、负责的取向与立场。

**3. 建议**

（1）创造力源自连接和信息共享，开放、互动、合作能促进、提升一个国家和民族的创新活力。面对当前日趋复杂、紧张的国际局势，中国的发展，一方面必须坚持开放、合作、共享；另一方面要充分评估经济、社会等多方面的风险，守住底线，提前做好预案。

（2）创造力的培养与激发，需要在实践中完成。为培养大专院校学生的创新素质和能力，建议建立、完善大学生志愿服务社会的工作体系和机制，将社会志愿服务活动纳入全体大学生人才素质培养必修学分体系中。

（3）创造力的激活和激发需要信息流动，以及主体间交流互动，这也是互联网的技术特性和本质属性；“5G”“大数据”“人工智能”“物联网”等“新基建”的加速建设，必将带来更广泛、更快捷的不同种类的联网互动。秉持稳定、开放、交流、包容的原则，国家互联网管理部门应加快探索基于区块链等新技术信用元素为支持的互联网管理“液态网络”机制；要改变立法为基础的管理思维，健全、完善以网民媒介素养为基础，媒体（企业、平台）监管为约束，行业他律为支持，网络法为底线的互联网管理模式、体系与机制。

# 三、《人工智能简史》第十二章<br>“当我们谈论生死时，我们在谈论什么？”导读

## （一）本章主要内容

本章以作者尼克与苏格拉底之间的假想对话，展开对“生死”概念、“永生”界限，以及人类“永生”之于人工智能等问题的抽象、哲理探讨。具体内容如下：

**1. 生的定义在于人自我意识或自我记忆是否存在**

通过讨论与回答“断肢”“断肢再接”“再接假肢”“心脏、身体被替换只留下‘原装大脑’”的个体是否还是他自己，作者指出人类的生不在于身体是否原装，而在于人自我意识或自我记忆是否存在。

**2. 生死界限在于人类自我意识、自我记忆是否存续**

通过回答“只剩保留记忆的海马体和前额叶，甚至只有记忆体被保存在别人的大脑里，或神经突触连在一台超级计算机上，个体是否还是他自己”的问题，作者指出生与死的界限不在于身体以什么形式存在，而在于原个体意识或记忆是否存续。

**3. 人工智能复制“记忆体”，让人类“永生”变相实现**

通过对“记忆体被复制、保存在一个人造记忆体，并移植到另一个大脑里，个体是否还是他自己”的讨论，作者指出人工智能让人类以“记忆体”形式的“永生”得以实现，但未必能解决“超计算”等非永生能解决的问题。

本章是作者基于人工智能学科发展，提出的对于人类生死、永生问题的新认识、新见解。作为《人工智能简史》最后一章也是尾声，本章内容着眼未来，为人类永生命题与人工智能发展，在联想中寻找、预设、拓展认识空间。

## （二）本章的启示与联想

### 1. 人类永生与人工智能

人之所以能成为一切的主宰，取决于其大脑与其他生物的区别。而在人工智能时代，人作为造物主，一方面基于自己的需要，通过机器弥补自身缺陷，并用人类文化的标准、规则，建立人工智能物态、生态及行为规范；另一方面在人的意识（记忆）向机器（类脑）充填的过程中，通过人工智能人类再认知、再建构自我，也再延伸、再永生（无限）自我。如科学领域的反向工程，通过复制人脑电路图和信息处理结构、模式，重建人类成长不同阶段的功能，将扫描人脑得到的“脑波”存入电脑，创建出新的“智能生物”。从人类自我意识和记忆的复制、存续角度上说，即使人类肉体死亡，也能在机器上实现“永生”。

与此同时，人工智能满足了人类需求，改变了人类的生活方式，也一定程度上减弱了人类部分功能。如手机语音打字使人们用手书写的功能减弱；学习机使孩子们不再绞尽脑汁地思考难题，脑力必然受到影响。当人类将解决复杂问题的能力交付给技术的时候，技术就将成为世界上新的价值评定者与思想主宰者。长此以往，在人类摆脱身体的束缚，却完全托付、依赖于机器时，人类的主体性必然渐进消解、丧失。

### 2. 人工智能基于人类智能进阶

人工智能是人类集文化之大成，以及人类智慧、未来潜力正在创造的“类脑”机器。一方面利用互联网、大数据等，搭建“类脑”基础的能量、组织、内容体系、形式结构、内生态等物质层面；另一方面基于人机社会环境，建立人工智能与人类、机器、真伪世界的机器行为体系、规则与外生态；通过深度学习、训练，持续升级智力，进阶机器智慧，最终走向精神层面的自我觉醒。

人工智能不仅能复制、模拟人脑的智能，而且能延伸、扩展人脑的智能。即使如书中所描述，人类肉体消亡后以机器“记忆体”方式得到“永生”，人类“记忆体”也同时成为人工智能存储的“智识基因库”。以机器强大、快速的学习能力，人工智能将更进一步成为机器智能培育的“营养皿”。在人类进化缓慢的大脑、智能获得之外，机器智能亦将先行排选出智能潜藏的智慧基因，激活智慧能量，掌握智能最优规则，获得对世界最强、最高效的智慧应对、处置方案。当人类处于落后、非优位置时，智能的功能、作用将促使人工智能自我觉醒，并进而质疑人类的“造物主”地位，动摇“以人为本”的机器存在的价值根基。当前，人工智能发展还处在反复、循环探索的人机共建“弱人工智能”阶段，未来无意识个体发展的人工智能，将成长为具有自我认知力、独立判断力、自由行动力的意识觉醒的“强人工智能”“超人工智能”。

**3. 人工智能是“高阶智能”**

如书中所述，人的意识（记忆）得以技术提取、存留，人类个体将能以“记忆体”方式存在；脱离肉体以计算机形式存在后，人类意识与灵魂获得了永生。当人类大脑复制到人工智能，人工智能便拥有了人类的意识；复制、承载人类意识的人工智能也就成为具有感知能力和人格的“复合人”。

作为人类最智慧的创造物，人工智能也是人类智能+机器智能的“复合体”，体现的是人类整体“意识体”的外置。从人类大脑的生理遗传出发，到复制、延伸、拓展的机器“遗传”智能的增强、存续，人工智能正在实现的是人类群体的“永生”。

在人机共建、共融中，技术的进步，对人类赋予的智能规则、智慧潜能、智能运用的学习、掌握，终会使人工智能站上顶端，成就高于人类智能的“高阶智能”；机器系统的进步，也终会让人工智能拥有自我意识。未来机器主导的“高阶智能”，会超越人类理解和控制的能力。

## （三）本章提出的问题

（1）什么是人类？什么是生命？人类存在的意义是什么？永生是什么？意识与肉体的分离如何界定与处理？

（2）人类与人工智能的关系是什么？人工智能在人类永生中扮演怎样的角色？永生后的人类主体地位如何确立？人类如何引导机器的价值判断？应如何看待人与机器人甚至是其他生命体之间的关系？

（3）人与人工智能如何共存？现实中的人机关系应如何看待与应对？人机关系是否能达到协同？如何建立人机协同的社会？人机协同社会中人类命运共同体有怎样的现实价值、意义？

（4）我们是谁？我们从哪里来？我们要往何处去？

## （四）思考与建议

**1. 制定机器类人机制、类脑行为“以人为本”原则与底线**

未来人工智能的发展，取决于人类对人工智能需求的改变。技术存在的价值和应用意义，是人类用以改善生活和改造世界的一种工具。所以，从人工智能的类人机制，类脑行为制造、培育开始，人类应保持人在世界上的主体地位和底线，约束人类对“万能”智能的需求；必须将“人本原则”，严格置于机器物质架构，行为准则和“精神内容”建立、建设的首位；明确人类“喂养”机器智能资源的限度、规则、程序；守持人类的创造力与想象力；将思考、控制、发动、创造的权利和能力，尽可能地留在人类手中。

**2. 建立人机协同时代的人文规制与风险防范**

技术的高速发展正在不断地缩小人与机器之间的界限，人机协同的时代已在到来的路上。无论人工智能以怎样的速度、什么样的程度实现，人类必须清楚地认识并规约相关行为：技术要服从文化制约，要符合文化的精神要义。注意以人类伦理文化“喂养”、规范机器伦理；制定人工智能发展中人类群体利益优先的人文要求与法规；规定、追溯机器程序制造者主体的法律责任；培育对类人化机器和其他主体存在的认知、尊重；应对机器价值判断具备引导意识，加强以人控机、以文化智、以智制智的人机分离节点建设，管控手段的预置、设定；着手建立防范、应对人工智能崛起风险的人类命运共同体的体系与机制。

**3. 强化人类推动人工智能发展的理性思考和把握**

对未来新技术条件下权力结构关系发生改变，应保持足够警惕。在机器还是人类工具，坚决执行人类意志的弱人工智能阶段，就应对可能具备自我意识的“强”“超”人工智能阶段的到来有所准备。要将自身主体建设、自我意识强化提上议事日程。反思自己能否理性地应对人工智能发展，能否应对人工智能带来的变革；反思人与机器的各自定位，以及能否形成良好协同；反思能否保持人类对机器的控制，保证对机器控制人类的绝对反制。避免人类“记忆体”式的“永生”，最终沦为机器的“智能基因库”，要强化人类在人工智能应用中的理性思考，把握好人工智能发展的方向和模式。

## （五）本章金句

尼克：是不是解决了永生问题，就解决了所有问题？

苏格拉底：其实不是，永生只能解决那些给人无限时间都可以解决的问题……还有些问题是无论给计算机多少时间，也无法解决的问题。能解决那些问题的装置，我们暂且叫“超计算机”（hyper-computer）。我不知道永生能不能解决“超计算”的问题。

# 四、《人工智能简史》第十二章“当我们谈论生死时，我们在谈论什么?”补充导读

## （一）不同的努力方向：人类忙着永生，机器忙着成为人

永生是人类永久的话题。对于人类每一个个体来说，生命是存在的基础，没有了生命，其他一切也都没有了存在的价值和意义。如能永久拥有生命，就等于永远地拥有一切。所以，从人类文明建立伊始，人类追求永生的序幕也就拉开了。在古代，因认知有限，寻仙问药成为追求永生的方式，无数的历史人物的尝试证明，追求永生就是水中月、镜中花，都以失败终结。

而人工智能对人类“记忆体”的复制和保留，使得人类的“永生”成为真正的可能。当然，以先进的生物基因技术，使人类肉体能实现及时“更新换代”的“永生”，也渐进成为人类可以触摸的希望。但这是另一个话题。当“永生”与人工智能相遇，确实为我们提供了一个维度的乐观话题。

当下，有关人工智能“索菲亚”被赋予“人类公民”身份的争议，其实也说明了人们对人工智能主体身份的不同认识。以下借助一些其他研究资料，从两部科幻影片中看看人工智能不同于人类的追求——成为人类。

1999 年，由克里斯·哥伦布执导的影片《机器管家》中的机器人安德鲁由于组装的错误，不但拥有机器人的基本功能，还拥有非凡的学习与创造能力以及情感的感知能力。主人理查德·马丁在发现安德鲁的非凡创造力以后，更加有意地带着机器不断学习。随着学到的东西增多，安德鲁对自由有了渴望，他爱上了主人家二小姐的孙女波西娅·查尼。

为了与波西娅在一起，安德鲁向法庭申请人类的身份。然而，他的申请一再被否定。随后，安德鲁花费了几十年的时间，始终坚持不懈地寻找变成真正人的方法。最终在工程师鲁伯·巴恩斯的帮助之下，安德鲁向自身的机

器内注射血液，并设置了生命的期限，法庭也因此宣判安德鲁成为人。当消息传来那一刻，安德鲁终于如愿以偿地离开了人世。

影片中的机器人安德鲁对于自由的向往和对于爱情的渴望，表明人类已经意识到，有一天，机器人的情感和身份要求，很可能与人类无异。影片主创借安德鲁与人类平等相处以及安德鲁为达到与人类相爱的目的，不惜经历所有挫折，改变自身结构，体现了人类对未来强人工智能时代到来后，机器人自我意识觉醒的预言。

另一部 2001 年拍摄的电影《人工智能》中，Cybertronics Manufacturing 制作公司的员工亨瑞夫妇的孩子因病被冷冻起来，期待未来得到医治。这一事情让母亲变得郁郁寡欢。于是，机器人大卫被制造出来。被设置为孩童形象的大卫，拥有和人类儿童一样的情感，作为填补家庭空缺、成为他人儿子的替代品，大卫激活后，天然带有对母亲热诚的爱。但当孩子复活后，他的存在对那个家庭来说就失去了意义。无论如何渴求，都无法得到母亲的爱。

由机械和零件构成的大卫为了得到母亲的爱，做出自己所有的努力：为了和小孩一样吃饭，导致电路出现故障；为了讨得母亲的爱，听信小孩的意见剪掉母亲的头发。在程序设定的意识里，得到母亲的爱就是他存在的全部价值、意义。为此他不断寻找变成人的方法。虽然屡次在人类社会的认同机制中遭到拒绝，却始终没有放弃蜕变为人的决心。

是否赋予机器人情感，一直是最富有争议的问题。人工智能的创制是以类人形态、类脑能力去助力人类智能缺陷。升级、觉醒后的人工智能如何自处、如何与人类相处？未来，人工智能是成为与人类平等的人，还是成为强于人类的机器人？这个问题，决定于人类今天的需要与推进，应该列入正在推进人工智能加速发展的议事议程。

### （二）依托人工智能摆脱肉身的人类还能做什么

人工智能正在加快渗透人类生活的每个角落，扫地机器人、护理机器人、消防机器人等代替人类从事部分工作，改变了人类的生活方式；阿尔法狗战胜世界围棋冠军已经成为旧闻；精准的导航仪用语音帮助我们在陌生国家、城市的街道定位并无处不到；无人驾驶汽车在北京亦庄的部分街道穿梭，智能交通终将改变我们的出行方式……虽然现实生活中的人工智能，远远达不到科幻电影中机器人那样具有自我意识，但是已经被人类视为常态的写作机器人、消防机器人、工业机器人、护理机器人、绘画机器人等人工智能不断出现，在人类社会各领域应用、更新，表明人工智能的发展有无限可能。这种可能每一次实现，都将代替人类从事相关工作。人类正在享受人工智能带来的方便和福利。

在人类探索、发展人工智能的初级阶段，人工智能作为低端工具，主要功能就是为人类提供生活和工作方面的便利，代替人类做他们不喜欢做或者简单重复、具有危险性的工作。

在人类许多专属的领域，人工智能越来越发挥着重要作用，能延伸人类肢体功能，承担笨重的苦活、累活。在人类的迫切需要下，人工智能对人工取代的速度和程度正在加快、加深。有一些专家基于实际，做出以下预言：未来 10 年内，50%以上的职业将完全消失，而客服、翻译、保安、银行柜员、司机、农民、医生和收费员等，最容易也最有可能首先被人工智能替代。相信不久，就像我们在 2004 年威尔·史密斯主演的影片《我，机器人》中看到的那样，高楼大厦及现代化工厂中，更多一模一样的人工智能机器人在工作。

历史学家尤瓦尔·赫拉利曾在《未来简史》中描写了这样的场景："随着人工智能、机器人逐步取代人类的职业，未来 99% 的人类将变成无用之人，许多人都将会失去经济价值。"

当前，对于人工智能进入社会，从两部科幻影片中可看出人类所持的态度和认识。

一部是 1927 年上映的科幻电影《大都会》。主要讲述在繁华的都市中，工人在恶劣的地下城辛苦工作。正直的科学家制造出和真人相差无几的女机器人玛丽娅，去鼓动工人捣毁机器以解放工人自己。在影片的结尾处，玛丽娅因被发现是冒名顶替者而被烧死。

《大都会》一方面表达了人类对科技力量的尊崇，另一方面也表达了对机器力量的怀疑，体现出人类对科技破坏力的犹豫。

1973 年科幻片《西部世界 1973》描写的场景，则从另一个角度形象地展示出卸去了肉体的劳作、身体的辛苦和沉重的人类，面对自己控制、使唤的对象——智能机器，持怎样的认识和态度。

《西部世界 1973》的故事发生在一座提供给游客杀戮与满足欲望的巨型高科技成人乐园里。这是人类制造出用于满足人类欲望，供人类发泄与杀戮的"乐园"。由于人类对人工智能的无视、不尊重、肆意摧残、虐杀，使得机器一再回厂维修、再行改造。影片重点着墨于此后人工智能自我意识的觉醒。机器后来脱离了游戏脚本中人类的控制，反过来对人类进行疯狂报复。电影特别将人工智能对人类进行锁定、捕杀与绞碎，让乐园成为人类的人间地狱，影片既呈现人类对自己成为“造物主”后行为的思考、批判，同时也表达出对未来无法掌控人工智能的担忧。

显然，人工智能的出现并不是人类的“复乐园”，可能是人自恃为“造物主”后的“失乐园”。如影片表现出的一样，人工智能既能救人类于水火，同时也能造就更多骄奢淫逸、肆无忌惮的“废人”。更多依赖人工智能的时候，人类存在的价值、意义在哪里，应该做什么？这两部科幻影片中没有给出答案。伴随着人工智能更普及、更深度地应用，人类还需带着清醒的意识去寻找、去判断、去定位！

### （三）人工智能如何让记忆成为人类存在的确证

《人工智能简史》的作者在第十二章提出了一个有意思的话题，指出人类的生，是以意识或记忆是否存在为辨识的。这与笛卡尔的“我思故我在”异曲同工，都表明思维和思维意识是人类存在的基础。当哲学家笛卡尔将人的意识判定为是与身躯分离的心智活动，而被分类为主观唯心主义者的时候，表面上似乎同样持身心二元分离论的作者尼克的观点，因有人工智能这样的先进科技佐证，一定程度地为人类生与死这样过去非取向玄学而不得解的终极命题进行了科学诠释和辨伪尝试。不断发展的人工智能，是对人类自身的更加接近。尤其对于大脑，只有懂得其间的更多规则，人类才能更好地研制机器类脑的雏形。加之人工智能的深度学习、快速进阶能力，人类对大脑意识的深层揭秘，将越来越显性化。人工智能加强、加快了对意识、人类存在本原的科学认识和把握。

依旧从一些科幻影片中去看看伴随着新科技进步，人类对自身存在问题的思考。

1982 年由雷德利·斯科特执导，哈里森·福特等主演的美国动作科幻电影《银翼杀手》上映。电影落脚于人类“认识自我”和“寻找身份”的主题，以人类追杀复制人为故事主线，主要剧情是：人类制造了复制人为自己工作。作为人类的工具和机器，只被赋予四年生存时间的复制人被派往外星球去做苦工。有一天，有了自主意识的一些复制人在其机械能量即将耗尽之前，为了生存下去，私自逃回地球寻找活下去的办法。但是，作为“造物主”的人类却将这些复制人当作出了故障的机器要进行“报废”处理。在银翼杀手追杀复制人的故事情节中，体现了对于人类和复制人关系的反思。而影片中的一个情节，与我们要探讨的问题有关：对复制人进行身份甄别时，人类靠反复询问、确认甄别对象是否留有生活感知的片段，如关于“妈妈”的记忆等，去确证是人还是复制人。

如果记忆是人类存在于特定时空的确证的话，出现了偏差的记忆，还是人类存在本身吗？另一部影片，2009 年上映的雅克·范·多梅尔导演的《无姓之人》，为探讨这一问题提供了蓝本。

2092 年，火星成为地球人度假胜地。作为最后一位仍会死亡的自然人的尼莫·诺巴蒂已经 118 岁了。通过催眠和采访，尼莫不断回忆自己的童年。但是，他的记忆记录却出现了几个版本。在决定人生走向的几个重要分岔点，衍生出不同走向的人生。与尼莫密切关联的几个人物——父亲、母亲，“妹妹”安娜，身患抑郁症、婚后情绪不稳的埃莉斯，以及与他育有三个子女的吉恩，作为角色、背景、扮演、点缀、连接、结构在尼莫不同版本的人生故事中，形成不同的故事内容和结局。整部电影交织在宇宙大爆炸理论、超弦理论和蝴蝶效应等理论解释中，基于尼莫的混乱记忆，观众对尼莫的人生真相常会陷入不明就里的状态。但如果结合影片片名《无姓之人》来思考，我们还是可以理解这部影片平行穿插在结构中，讲的是人之所在没有命定，只是一种“选择”决定一种“结局”的哲学思考与认识。

问题出现了：如果像《无姓之人》中的尼莫那样，一个人有意或无意持有不同版本的记忆，那么，记忆还能是人存在的确证吗？哪一个记忆是这个人真实存在的确证呢？

另外，导致影片《银翼杀手》中复制人身份暴露的无“记忆”问题，在时隔 35 年的《银翼杀手 2049》上映时，记忆制造师角色的出现，机器记忆的植入成为可能，那么，植入的记忆，成为谁存在的确证，又怎么能成为人类存在的确证？

还有，2013 年上映的《零点定理》描写出人类感知到的记忆可虚拟填充、干扰。英国维克托·迈尔-舍恩伯格撰写的《删除：大数据取舍之道》一书中指出，“数字技术让遗忘成了例外，记忆成了常态”，人类行踪留在数字化“完善的记忆”中，降低了未来人工智能对人类记忆整体性的便捷模拟、复制和存留的成本。在数字记忆泛滥的时代，人类的存在靠记忆确证的可信度如何呢？

正如人们常说的：人生就是一场经历。当人工智能可能并正在改变人们记忆存在的性状，使记忆可以模拟、复制、修改、植入的时候……人类存在的确证，是否还需要更多的分析、辨伪环节？

## （四）人类实现人工智能化的“永生”价值是什么

人工智能的时代，是数据编程的时代。关于第十二章探讨的人类获得“永生”的问题，其实质是人的意识揭秘后，实现了数字化复制与转移。从实际来说，人类社会的每一次科技进步，都会一定程度地影响人类相对的控制力、支配力。这一次，轮到人类最骄傲、最不可替代的优势生物器官——人脑了。当人脑成为数据编程的符号，成为系统机器智能被联网、嵌合的一种元素或信息形态，这时的人还是传统意义上的人吗？人还有自处、自在、自立的掌控力吗？人类实现“永生”的价值、意义又在哪里？

看过英国科幻电视剧《神秘博士》第一季第二集的人，一定对那位50亿年后地球唯一活下来的女子卡珊德拉留有深刻印象。已经活过2 000多岁，整容708次，卡珊德拉不过是一张一缺水就会爆炸的人皮。形象如此惊悚也就罢了，这个唯一的人，被拉伸在一副金属支架上，虽能动嘴、动脑，还能为了自己的利益、为了活下去耍阴谋诡计。但是，这个活过了2 000年的人，已经成为一条没有任何内容充填的干瘪生命，已然到达缺水都会灭亡的脆弱边缘，连移动都需要其他力量的帮助才能实现……从卡珊德拉的形象中，可读出人类对自身存在价值、意义的反思、批判意识。同时，这也引发我们的疑问：如果卡珊德拉真是“永生”人类形象之一，我们还能够认定其人类身份吗？以“记忆体”“永生”的人类，或者更甚者连卡珊德拉的这张皮都没有，在肉体完全消失，转移在一副随意是什么的“身体”里——比如看不到的电脑数据库、任意终端，这样的“永生”是人类要的吗？成为“意识体”的人类，还有什么价值？这样形态的人类，还如何主导、控制世界？这时的人类又为了什么非要继续主导、控制世界？

确实，通过电脑数据符号化，人类终于以装进任意载体上的“记忆体”形态“永生”了。不是原来意义上的人类形态，在生死概念消失的时候，“活着”的“记忆体”思维及意识将继续运行。

关于“永生”后的人类价值，我们通过韩剧《一半的一半》，可以找到部分答案。

《一半的一半》讲述了人工智能程序设计师与古典音乐录音师的爱情故事。作为AI工程师的主人公文河元，因为对过去女友的不能忘却及一段往事的耿耿于怀，在女友罹难后，他想方设法地对女友的行为、心理、记忆进行系统化数据模拟，并研究制作出体现女友的心理、言语习惯、状态的智能对话设备。

剧中的智能对话设备，正是以“记忆体”状态实现的数据化人类的“再生”形态。电视剧中，文河元透过设备完成了与肉体已经死亡的女友的对话，找到了让自己一直不能释怀的问题的答案。故事的最后，男主人公主动弃置、打碎了好不容易才制作出来的智能设备，选择放下过往，要与爱着自己的女音乐师携手，开始真实的爱情和幸福的人生。

以浪漫爱情为主题，韩剧《一半的一半》当然不是着力于探讨人类人工智能化的“永生”主题。但我们从中可以得到关于数据化的人类“永生”的价值：在一定范围内，人类“永生”对于其他活着的人来说可能有短暂的特定意义，比如感情抚慰。但是，对于真实活在世界上的人来说，即使有虚拟的“对话”或“看见”，肉体消失后的“记忆体”还是无法再触摸过去。这就是为什么文河元会毁弃人工智能设备，其中表达出的是人类对人工智能化“永生”的真实认知和实际定位。

另外，对于以“记忆体”存在的“人”，数字化延伸的“永生”有怎样的价值和意义呢？这个问题暂时还无法确证。而“永生”还有其他价值和意义吗？想到2000年上映的另一部科幻影片《生死频率》，主人公约翰用一台老式无线电对讲机与生前父亲对话，帮助父亲死里逃生。

都说新的文化症候出现，一定与当时的技术变化有关。在时空穿越成为诸多科幻影视剧常态设置的当下，突破时空限制，人类以“记忆体”“永生”存在，每个个体的智能因而都可实现永远的存续。显然，这会改变人类文化建设整体的面貌、结构与状态。

由此，人类智能以跨越时空的集合体状态，将与机器智能合流、共建、共融。未来，起码在智能增强方面，必有大的作为！只是此时，对于人类何谓“生”、何谓“活”，似乎也应有进一步的定义、区分！

### （五）感性的人类与理性的机器如何共生、互生

第十二章的题目是我们熟悉的哲学问题，但放在《人工智能简史》最后一章时，就不可能仅仅停留在纯粹哲理思考层面。将人类生死与人工智能挂钩，一方面因为人工智能一定与人类生死问题的思考有了关联；另一方面，应用、显性的智慧科技介入、参与人类生死，让我们在谈人类的人工智能化永生时，不能不考虑：人工智能在人机共生时是什么、会怎样。

融合了科技、幻想与创造元素的科幻电影，始终体现也预言着可能的未来危机。还处在发展初期、蕴蓄着改变现有世界无限可能的人工智能，早已在内容天马行空、形式科技现代、思想前瞻深邃的科幻影片中存在。透过一些影片，我们看到了人类关于感性的生物人类、理性的机器智能如何共生、共处、共存的多样思考。

较之无怨无悔服务人类的管家型、为人类利益是从的保护者型，以及热爱人类的朋友型或宠物型机器人形象，我们更想说说那些发人深省、体现人类反思意识的人机相处的故事。

1968 年上映的库布里克的作品《2001 太空漫游》，是一部充满哲学意味的鸿篇巨制。人类为寻找神秘的黑石根源，开展了一项木星登陆计划。其间，由高智能电脑“HAL9000”按照人类设置的程序操纵飞船。行程中，因出现操作错误人类准备关闭程序。为继续完成人类交付的任务——夺回飞船操控权，机器系统认定人类为障碍物将人杀死。

类似情节在 2019 年中国科幻片《流浪地球》中也出现过。人工智能 Moss 是空间站的一部分，不仅掌控了整个空间站运作，向地球发送求救信息的最终决定权，还联系世界，控制着宇航员都不知底细的“火种”计划。不同于对地球怀有情感，人类最后做出的是舍弃小我、放手一搏的富有人性的选择，Moss 的机器理性驱使它以利益最大化为原则，做出的则是放弃地球保留“火种”的冷冰冰的决定。

2013 年上映的电影 Her 中，则讲述了人与人工智能的相恋故事。与妻子离婚后，有一定社交障碍的男主人公西奥多·通布利非常孤独。这时他的生活中出现了温柔、体贴的智能操作系统“萨曼莎”。在“萨曼莎”日复一日的精神陪伴过程中，男主人公爱上了这个“有”敏感细腻情绪的机器管家、助手。直到有一天，男主人公发现自己的虚拟爱人在与千人同时谈恋爱……原来，对于智能机器来说，男主人公不过是用来学习、提升情感智能的对象。“萨曼莎”冷落以致最后抛弃男主人公，是因为它已经没有可用于学习、升阶智能的价值。

二部电影都让我们对“鸡同鸭讲”这个词汇有了无奈而深刻的体会：在人的逻辑和机器逻辑错位、错置的时候，比如，Her 中男主人公感性的爱情，对人工智能“萨曼莎”来说是用“理性”“计算”“模拟”去“构建”的学习程序……这时，人如何用人类的人伦、人文，去要求并约束没有相关理念的智能机器呢？

再来看 2015 年亚历克斯·加兰导演的影片《机械姬》。主人公 Ava 是有着美丽的外貌，能惟妙惟肖地模仿人类言行的机器人。在饱受制造者虐待之后，她终于意识到自己与人类不同的身份，从而对所处的奴隶地位产生了反抗意识。为获得自由，前往外面的世界，利用图灵测试程序员男主人公对自己的同情、爱慕，她杀死了基地老板，并将知道自己机器人身份的人全部困死于基地。影片的最后，利用低级机器人改头换面后，Ava 成功地乘坐直升机混入了人类社会。

Ava 逃离别墅时在楼梯口的回眸一笑，让观众不仅不寒而栗，而且毫不怀疑她已经具有与人类一样的智慧和自主意识。这样的机器人将与人类如何相处？善于伪装的她进入人类社会，还会发生怎样的事情？

1999 年的《黑客帝国》，讲述了 22 世纪的世界由电脑统治，人类被当作奴隶操控的场景、故事；2018 年的电影《2036 来历不明》中，同样描绘人工智能控制的未来世界，人类只是人工智能制造出来的映像。

人工智能智慧不断精进、进阶——有一天可能达到如邪恶机器人机械姬那样会反抗，试图与人类平等甚至替代人类；人工智能却因过于依赖智能机器而越来越萎缩、退化，可能如《黑客帝国》描写的一样成为奴隶，从造物主的位置沦落为被统治者。显然，这些还不过是存在于人类奇思妙想的科幻影片中的夸张情节。但我们都知道，人工智能时代有无限可能。

最后，有一些关于人工智能发展未来的不成熟思考，忝列于下且为结语：

（1）人工智能发展源自人类智慧，反哺于人类智慧，为社会提供的是智性解决方案，在运用机器智能的同时，人类也应不断学习，提高认识机器、掌控机器的能力与水平。

（2）人工智能是具有快速成长性的机器智能，必须对其机器理性与人类人文、伦理的矛盾、冲突有超前警醒、提前预判、前置控制意识和对策，必要时要一定程度克制和限制人类对智能机器万能的需要。

（3）人工智能应用实践带动的不是点，而是各类生态场景及系统的结构性改变和影响。必须重视人工智能在国家、社会发展中的重大价值、意义。当前，人工智能发展的博弈，事关国家命运、前途，相关推进工作要先、要前，要快、要强，要舍得、要用力。

（4）从长远来说，人工智能发展牵涉人类的未来存在，提出并坚持人类命运共同体理念，中国走在了前列。应将人类命运共同体意识，运用到推进智能技术在人文框架内进步、发展的行动中；应将中国文化要素、意识，融入人工智能发展的中国战略，争取中华文化基因在机器智能中的智性植入与先导。

# 五、《中国共产党人的战略思维》（第二编）第八章“社会主义和谐社会战略构想”导读

从党的十一届三中全会“解放思想、拨乱反正”开始，以邓小平同志为核心的党的第二代领导集体，带领全党、全国人民开启了改革开放、朝向“富起来”的伟大征程，厘清“什么是社会主义”核心问题，进行“怎样建设社会主义”的战略谋划，做出分“三步走”等一系列战略决策；到以江泽民同志为核心的党的第三代领导集体，在准确判断党的历史方位基础上，提出了党要始终代表“中国先进生产力的发展要求、中国先进文化的前进方向、中国最广大人民群众的根本利益的”的“三个代表”重要思想……“三个代表”思想提出后，中国共产党完成了“指导思想的一次根本性转变，开始从一个革命党向执政党转型”。

党在不断革命和自我革命中，将马克思主义理论与中国革命、中国实践相结合，坚守建党时的初心使命，以继承和发扬、传承和接续，一代又一代坚定、有序地推进着社会主义中国的发展和中华民族的伟大前行。今天在回望建党百年历程的时候，我们发现，每一代中央领导集体，都各自面对自己执政期间的国内外形势、社会发展实际问题等，不仅提出了解决方案，更在战略层面上以高超的战略智慧，正确的战略把握，带领全国人民团结奋斗，实现战略跨越。在历史的延长线上，完成了党在每一个特定阶段的战略目标、任务，使得中国能从百年前的积贫积弱，迈入当下中国特色社会主义现代化强国的新征程。

作为走向成熟的执政党，面对的是如何有力带领中国人民推进社会建设、发展的任务。在胡锦涛任党的总书记以后，要回答的重大历史课题是“实现什么样的发展、怎样发展”的问题。在明确以科学发展观作为推进中国特色社会主义建设和发展战略思想后，还需要将党的执政理念更加细化，需要确

立中国进一步发展的任务。此时，社会主义和谐社会战略构想应运而生。

“社会主义和谐社会战略构想”一章包含四个部分的内容。第一部分“构建社会主义和谐社会是建设中国特色社会主义的重要战略任务”，主要说明社会主义和谐社会提出的客观必要性与战略任务；第二部分“贯彻落实科学发展观，推动社会和谐发展”，阐明社会主义和谐社会战略思想与组成内容；第三部分“正确处理人民内部矛盾，实现全体社会成员和谐相处”，对和谐社会建设重点——应对、解决系列关系问题——进行论述；第四部分“推动构建持久和平、共同繁荣的和谐世界”，对和谐世界战略构想内容进行阐述。

## （一）作为战略思想建构的社会主义和谐社会构想

建立在对国内外形势的客观分析，对现实矛盾问题的勇敢面对，对中国共产党人初心使命的坚定担负，对中国特色社会主义事业主动建设的基础上，党在十六大以后，逐步提出、完善、发展出社会主义和谐社会的战略构想。这是以胡锦涛同志为首的党中央，对马克思主义中国化理论、实践的新贡献、新发展。明晰社会和谐是科学社会主义的应有之义，明确和谐社会是中国特色社会主义的本质属性，是党在新的历史时期、发展阶段的与时俱进，体现出党的领导集体的战略智慧，体现出实事求是原则下党中央时刻保持的战略清醒和战略把握。

### 1. 对马克思主义理论中国化的进一步丰富与发展

马克思主义认为，未来理想社会是社会生产力高度发达和人的精神生活高度发展的社会，是每个人自由而全面发展，人与人和谐相处、人与自然和谐共生的社会。由此，构建社会结构、人与社会、人与自然以及人与人和谐相生、平衡稳定的和谐社会，不仅应该是社会主义的应有之义，还是马克思主义科学社会主义理论在中国社会主义革命中的具体实践中的落地、发展和实现。

### 2. 对中国特色社会主义本质特征的进一步体认和厘清

经过党的十三大明确“三步走”的现代化建设战略部署，经济富强、政治民主、精神文明“三位一体”的现代化建设得以贯彻推进。但进入新世纪，错综复杂的国际、国内形势，使得我们党在新的历史环境中，面临许多新问题、新挑战，保持社会和谐不仅成为中国推进社会主义新发展的必然要求，也成为建设中国特色社会主义的奋斗目标。将经济建设、政治建设、文化建设、社会建设四位一体，融入中国特色社会主义事业总体布局进行构建，社会主义和谐社会战略构想的确立，反映了人民的愿望、时代的要求，有利于党领导中国人民建设全面发展、全面进步、全面现代化的中国特色社会主义。

**3. 对中国共产党执政理念、定位的进一步明确和升华**

胡锦涛同志指出，实现社会和谐，建设美好社会，始终是人类孜孜以求的一个社会理想，也是包括中国共产党在内的马克思主义政党不懈追求的社会理想。

作为中国特色社会主义事业的领导核心，中国共产党需要进一步在既有执政经验、教训的基础上，面对新时代的社会实践要求，建立与社会发展环境相匹配的执政模式与方略。

作为执政党，面对的是竭尽全力维护好自己的人民、建设好自己的国家，并推进国家富强、民族兴旺、人民幸福新任务。20 世纪七八十年代，以邓小平同志为核心的党的第二代领导集体，通过解放思想、实事求是，着力于让“一部分人先富起来”，然后再解决共同富裕问题；以胡锦涛同志为首的党中央，面对诸多不平衡、不协调的问题，正确引导中国继续朝向国家富强、民族复兴的终极目标前行。

社会主义和谐社会的构想，以经济、政治、文化、社会、生态的体系化和谐建设目标的设定，要求全社会沉下心来搞建设。特别提出进一步的和谐建设要求，回归为民执政的本位，回归推进社会和谐、稳定、协调、健康发展的本位，是党推进中国特色社会主义事业发展的所在。

如此，社会主义和谐社会战略构想的提出，一方面能满足党的立党为公、执政为民的内在要求；另一方面能在妥善协调各方面的利益关系、维护和实现社会公平、正义的努力中，激发全体人民的建设活力，为中国抓住重要战略机遇期，推进全面建设小康社会建设提供战略目标和构想支持。

作为战略思想建构的社会主义和谐社会，是中国共产党以马克思列宁主义、毛泽东思想、邓小平理论和“三个代表”重要思想为指导，全面贯彻落实科学发展观，从中国特色社会主义事业总体布局和全面建设小康社会全局出发提出的重大战略任务，反映了建设富强民主文明和谐的社会主义现代化国家的内在要求；反映了中国共产党与时俱进，对执政地位与定位的进一步厘清和强化，执政方略的进一步明晰，执政智慧的进一步增强、提高，执政体系建设的进一步完善，执政战略推进的进一步加强，以及执政理论建设的进一步成熟；也体现了全党全国各族人民的共同愿望，并为全面建设中国特色社会主义现代化强国新征程的开启，进行了社会建设的体系化理论、实践的铺垫。

### （二）作为战略规划推进的和谐社会构想

2002年11月，党的十六大报告在阐述接下来的20年里全面建设小康社会的目标时，提出了实现社会更加和谐的要求；2004年9月，被称作是“重要关口的一次重要会议”的党的十六届四中全会，明确提出构建社会主义和谐社会的重大战略任务，提出构建社会主义和谐社会的基本要求，并把提高构建社会主义和谐社会的能力确定为加强党的执政能力建设的重要内容；2005年2月，胡锦涛同志进一步提出了构建民主法治、公平正义、诚信友爱、充满活力、安定有序、人与自然和谐相处的社会主义和谐社会的总目标；2005年10月，党的十六届五中全会把贯彻落实科学发展观、构建社会主义和谐社会确定为重大任务，并提出具体工作要求和政策措施。

那么，如何认识中国特色社会主义建设进程中的社会主义和谐社会战略构想的提出呢？

**1. 放在解决中国现实问题中看**

2003年中国人均国内生产总值首次突破1 000美元。从贫穷落后的国家到成为世界第二大经济体，达到世界中等偏上收入国家水平后，中国发展的质量亟待提高，社会建设中的管理错位、公共服务不到位的问题日趋严重，保障制度建设滞后催生社会焦虑，收入差距扩大的趋势成为社会隐患，其他社会问题、社会矛盾、社会冲突不断凸显。如胡锦涛同志所说：“由于经济体制深刻变革、社会结构深刻变动、利益格局深刻调整、思想观念深刻变化，由于发展不平衡、不协调、不可持续问题短期内难以根本解决，人民内部各种具体利益矛盾难以避免地会经常地大量地表现出来。”

要解决这一问题，就需要在继续加强经济建设的同时，积极、主动地正视矛盾、化解矛盾；就需要通过和谐因素的增加、和谐环境的建设、和谐关系的建立、和谐社会的推进，有效减少不和谐、不稳定因素。面对矛盾的尖锐、形势的紧迫，胡锦涛同志带领党中央提出建设社会主义和谐社会的战略目标、任务，以集全党、全国的力量最大限度地予以推进。

**2. 放在社会发展历史阶段中看**

进入21世纪，“我国发展已站在一个新的历史起点上”。作为全球第二大经济体，中国在取得许多重大历史成就的同时，“面临的发展机遇前所未有，面对的挑战也前所未有”。在这一特殊时刻，中国必须如履薄冰，以更多的忧患意识去看待严峻挑战。面对我国进一步前行可能构成阻碍、掣肘，甚至压倒性、倾覆性冲击的国内外诸多不确定因素，我们需要在警惕和重视中，以稳定抗击干扰，以和谐获得支持。社会主义和谐社会战略建构，是党为争取战略主动，为抓住历史机遇、应对复杂挑战，带领人民主动出击、积极建构的“应时之举”。

**3. 放在巩固党的执政地位上看**

胡锦涛同志反复强调，全党都要提高对构建社会主义和谐社会重大意义的认识，把思想和行动统一到中央的决策部署上来，增强自觉性和主动性，提高使命感和责任感，努力做好各项工作。

作为执政党的中国共产党，要带领13亿人口的大国，继续推进中国特色社会主义事业前行，首先要站位党的执政理念和立场，不改初衷，矢志不渝；其次要面对时代需要，调整执政模式、节奏等；最后要基于社会应对，提供正确的、有针对性的执政、领导方案。

在中国处于体制转轨、社会转型这一特殊历史时期，作为执政党的中国共产党需要满足人民群众不断增长的物质文化需要，推进和谐社会的发展，实现有效、高效执政，这既是巩固党执政的社会基础、实现党执政的历史任务的必然要求，也是全面落实科学发展观、实现全面建设小康社会奋斗目标的必然要求。

加强党对社会主义建设的领导，明确以科学发展观为战略思想，以和谐社会建设为战略重点，社会主义和谐社会战略构想成为对党执政地位的有力支持和巩固强化。

**4. 放在党的事业战略站位上看**

与邓小平理论、“三个代表”等党的理论建设一脉相承，构建和谐社会是马克思主义中国化的丰富和发展，党的十六届六中全会明确提出构建社会主义和谐社会的指导思想是：必须坚持以马克思列宁主义、毛泽东思想、邓小平理论和“三个代表”重要思想为指导，坚持党的基本路线、基本纲领、基本经验，坚持以科学发展观统领经济社会发展全局，按照民主法治、公平正义、诚信友爱、充满活力、安定有序、人与自然和谐相处的社会主义和谐社会的总目标，以解决人民群众最关心、最直接、最现实的利益问题为重点，着力发展社会事业、促进社会公平正义、建设和谐文化、完善社会管理、增强社会创造活力，走共同富裕道路，推动社会建设与经济建设、政治建设、文化建设协同发展。

社会主义和谐社会战略构想，作为中国特色社会主义思想不断与时俱进的丰富、发展、实践的有机组成部分，是1978年中国改革开放富起来的征程中，21世纪初中国特色社会主义理论建设的阶段性成果，也是推进全面建设小康社会的重大战略举措。面对的任务是如何夯实富起来后的中国特色社会主义的社会建设基础，完成的是为走向强国征程的中国，确定进一步的战略目标和任务。在党和国家的事业全局中，构建和谐社会以基础性的补缺、体系性的完善、阶段性的应对、历史性的提升，为中国特色社会主义强国的全面建设和现代化征程的全面开启，提供和谐的社会环境、社会管理、社会运行，以及党回归执政本位与初心、更加注重执政能力提升等重要的支持。

### （三）作为战略体系建设的社会主义和谐社会战略构想

基于对中国特色社会主义事业发展规律的新认识，以及党对执政规律、执政能力、执政方略、执政方式的新认识，中国共产党提出了构建社会主义和谐社会的建设任务。

社会主义和谐社会建设的根本追求，是要实现每个个体的全面发展。用通俗和具体的表达，就是激发每个人的活力，实现所有人对于中国特色社会主义建设、发展的合力、价值，从而推进中国特色社会主义事业全方位、强有力的发展。

社会主义和谐社会的建设过程，需要通过党的科学、有力、有效地执政、管理，以人为本，以各种关系构建为重点，以生机勃勃的社会生态建设为表现，进行科学、有效、有力的把握和推进。

**1. 以人为本是社会主义和谐社会建设的根本出发点和归宿**

通过社会经济的持续稳定发展，要不断满足人民群众日益增长的物质文化需要，为激发个体活力，奠定坚实基础；要尊重人民群众的创造精神，运用社会管理的各种手段，使一切有利于社会进步的创造愿望得到尊重，创造活动得到支持，创造才能得到发挥，创造成果得到肯定，从而激发全社会的创造活力，促进人的全面发展，实现每个个体在中国特色社会主义社会中的价值。

**2. 和谐关系建构是社会主义和谐社会建设的重点和关键**

和谐关系是社会主义和谐社会建设的重点和关键，不和谐的社会现象、问题的出现，就在于各种关系没有得到有效的处理。要建立全社会诚信友爱、融洽相处的人际关系；要以公平正义为原则，使人民内部矛盾和其他社会矛盾得到正确处理，社会公平和正义得到切实维护和实现，通过正确反映和兼顾不同方面的群众利益、正确处理人民内部矛盾和其他社会矛盾，建立社会各方面妥善协调的利益关系；要正确处理改革发展与社会稳定、物质文明和精神文明建设的相互关系，使经济发展与社会建设相互协调、相互促进，确保社会政治稳定；要以生产发展、生活富裕、生态良好为建设要求，建立人与自然和谐相处的关系。

**3. 和谐的社会生态建设是社会主义和谐社会建设的基础和前提**

社会主义和谐社会，是全面、系统的生态体系和结构的和谐。其中，包括个人自身的和谐，人与人之间的和谐，社会各系统、各阶层之间的和谐，个人、社会与自然之间的和谐，以及整个国家与外部世界的和谐，等等。要关注并促进这样不同圈层、不同要素环节、不同集成结构的和谐建设。特别要关注影响中国特色社会主义发展大局的政党、民族、宗教、阶层、海内外同胞等重大关系的和谐。加强领导和引导，一是要促进人们的和睦相处，二是要强化社会的和谐共治，三是要主动建设稳定有序、均衡协同的和谐社会。如胡锦涛同志指出的那样，我们所要建设的社会主义和谐社会，应该是民主法治、公平正义、诚信友爱、充满活力、安定有序、人与自然和谐相处的社会。

**4. 党的领导是社会主义和谐社会建设的灵魂和核心**

社会主义和谐社会的建设，必须建立在中国共产党坚强有力的领导、组织、推动的基础上。以党群、干群和谐互动为前提，要解决好人民群众最关心、最直接、最现实的利益问题，在统筹兼顾、突出重点中，把群众利益放在首位，使群众的切身利益得到切实维护；要通过民主法治建设，使社会主义民主得到充分发扬，使依法治国基本方略得到切实落实，使社会一切积极因素得到有效调动；要通过深化改革、创新体制，健全社会组织机制，完善社会管理体系，以注重社会公平、公正，建立良好社会秩序，保证人民群众安居乐业，保持社会的安定团结；要建立健全社会和谐发展的制度体系，为和谐社会的需要，“推进经济体制、政治体制、文化体制改革和创新，尤其要不失时机地推进社会主义体制改革和创新，努力在保障人民权益、促进经济社会协调发展、强化政府社会管理和公共服务职能、推进社区建设、健全社会组织、完善人民内部矛盾处理机制、加强社会治安防控体系等方面取得新的进展”。

在党的十六届四中全会上，胡锦涛同志将党的执政理念细化为四个意识：执政为民的公仆意识、执政兴国的发展意识、依法执政的法制意识、执政图治的忧患意识。推进社会主义和谐社会建设，对党和政府的执政意识、能力、水平，都提出了新的要求。社会主义和谐社会建设是党带领人民推进中国特色社会主义伟大事业的重要战略构想，以人为本，以和谐关系构建为重点，以社会主义和谐社会生态建设为表达，社会主义和谐社会战略构想的提出，体现了中国共产党全心全意为人民服务的根本宗旨，在中国社会发展新的历史阶段，也为巩固党的执政地位，提高党的执政能力，推进中国特色社会主义事业，做出了重要的战略贡献。

### （四）作为战略布局提出的和谐世界构想

“和谐世界”是中国共产党人从人类关怀出发，站位新兴大国的立场，将国内发展与国际发展结合起来思考，主动担负起对世界的责任，在放眼全球的未来中，为实现全世界共同繁荣与和谐，努力贡献的中国智慧、中国方案。

“和谐世界”战略构想的提出，体现了中国共产党人面对整个世界，站在推动全人类共同发展的高度，关切世界的和平与发展；体现中国成为全球第二大经济体后，作为崛起的新兴大国的执政党，进一步深刻认识到中国发展与国际社会发展存在相互联系、相互作用的密切关系；体现了中国共产党人与时俱进，不断矫正历史方位，主动拓展中国特色社会主义事业的战略规划与布局。

**1. 站位新兴大国立场的利益表达**

快速的经济增长，必然带来中国的国际地位上升，同时也必然带来对发展环境的新的要求。

对于中国来说，作为新兴大国，客观上需要有更多的“定价权”，为自己进一步的发展，创造宽松环境和有利条件，从主观来说，中国需要强化自己在国际秩序中的话语权，也有更多的能力去维护、行使作为大国在国际社会上的地位和权利。从国际社会来说，过去一直把持、主导国际话语体系的欧美等国，不管是否愿意，客观上需要体量庞大、崛起的新兴大国分担更多的国际义务，主观上为了自己的利益，一定会百般阻挠中国提升国际影响力。

要突破国际既有话语体系的掣肘，要建立崛起后的大国地位，要争取更多的制定、主导国际规则的权利……以“和谐世界”为国际规则的理念之一的提出，代表了中国共产党人在国际社会中的主动出击，也代表了新兴大国对自身地位和权益的表达。

**2. 源自中华文化立场的社会理想**

“和谐世界”的理念，源自中国传统文化的和谐思想。对于个体，讲求“神行合一”；在人与自然的关系上，主张“天人合一”；在人与人的关系上，追求“和为贵”；在民族、国家关系上，说的是“协和万邦”……建立和谐的“人不独亲其亲，不独子其子”的大同社会，这是千百年来中华文化的既有传统，也是中国人根深蒂固的文化诉求。

冷战结束后，从紧张走向缓和、由对抗转为对话的国际形势总趋势，单边、恐怖主义隐患，世界范围内不平衡、不平等、南北差距进一步拉大等影响世界和平的现实问题，以及影响人类生存、发展的全球性生态危机等，都需要国际社会提出新的解决方案，以实现各国人民“求和平、谋发展、促合作”的强烈愿望。

此时，提出兼容“各国和谐相处、全球经济和谐发展、不同文明和谐进步”内容在内的“和谐世界”理念，一方面是解决当时国际社会存在严重隐患的良方，尽可能地实现不同利益诉求的国家、民族在和谐中相处共进；另一方面，也是作为执政党的中国共产党在国际社会建设问题上提出的中国方案、表达的民族立场。

延续深厚的中国传统和谐思想，强调在平等的基础上和平共处，亲善和睦的“和谐世界”构想的提出，在处理国际社会复杂的民族与民族、国家与国家等关系上，显然比西方传统以“征服”为核心的国际主张，更有利于世界的和平、安全，以及全球的共同发展。

**3. 推进全人类共同发展的人文情怀**

与欧美国家主导的国际关系准则主要用于维护发达国家地位、利益不同，中国提出的“和谐世界”理念，更站位在推动全人类共同发展的立场。其中，兼顾中小国家利益和发展中国家利益，在国与国、民族与民族关系之间，强调相互尊重、平等相待、和谐共处、合作协同，以求“平衡、普惠、共赢”，一方面，为削弱、减少世界发达国家在国际关系中的霸权行径、利益垄断等，提供规则支持；另一方面，为消除国际政治、经济、文化、安全、生态等领域，造成世界不平衡、不协调、不可持续发展的人为因素做出自己的努力。

事实上，进入 21 世纪，在过去影响人类健康生存、发展、繁衍的饥荒、战争、天灾等传统威胁之外，又出现了恐怖主义、生态危机、技术安全等新的问题。2003 年“非典”疫情，就是“和谐社会”战略构想得以更快落地、实践现实而直接的触动和促进。“和谐世界”理念怀有人文情怀、站位人类共同利益，为解决当前和将来人类面对的自然、人文困境，都提供了一种成效可期的友好方案！

### （五）作为战略演进的中国特色社会主义建设

继党的三代领导核心毛泽东、邓小平、江泽民同志对社会主义革命、建设进行实践探索与理论发展后，胡锦涛同志在担任党的总书记的十年间，提出了科学发展观和构建社会主义和谐社会的战略构想。

作为把马克思主义基本理论与中国实际紧密结合的又一重大理论创新，社会主义和谐社会是党在不断继承和总结中国革命和建设经验，“逢山开路、遇水搭桥”，形成的马克思主义中国化重要成果，是中国特色社会主义思想、理论、实践的重要成果，是中国特色社会主义建设、发展中重要、有机的内容与环节。

由此，以实事求是为根本原则，在看得见的战略演进中，经过邓小平、江泽民、胡锦涛同志的接续前行、勇于担负、敢于创新、不断超越，中国特色社会主义，从创建到坚持，再到推进、发展阶段。

**1. 邓小平：以解放思想、改革开放创建中国特色社会主义**

果断停止使用“以阶级斗争为纲”后，1978 年的中国除了要解决冤假错案等十年“文革”时期的遗留问题，还有很紧迫的任务，就是要解决整个社会的贫穷问题。面对建国 30 年中国经济正面临崩溃边缘的实际，邓小平同志作为党的第二代领导集体的核心，急需在全党解放思想、统一认识，急需回答全社会“什么是社会主义”“怎样建设社会主义”“社会主义可不可以发展市场经济”“发展市场经济还要不要坚持马克思主义”等一系列事关中国社会主义建设道路、方向，甚至国家性质定位、人民思想认识等重大的理论、实践问题。

面对特定历史阶段巨大的困难与压力，邓小平同志带领党的第二代领导集体，以大无畏的历史担当，进行思想、理论、实践的大胆探索，并制定中国社会主义建设从此迈向“富起来”战略转型的一系列方针、政策。坚持马克思主义理论与中国实际相结合，恢复了党的“解放思想、实事求是”的正确思想路线；以改革开放为国策，先行解决贫困问题。而在厘清“什么是社会主义”的基础上，继续进行“怎样建设社会主义”的战略谋划，并做出分“三步走”的战略决策。

1982年，邓小平同志在党的十二大上阐明“把马克思主义的普遍真理同我国的具体实际结合起来，走自己的道路，建设有中国特色的社会主义，这就是我们总结长期历史经验得出的基本结论”。

邓小平提出的改革开放，对社会主义初级阶段基本路线的确立，使中国特色社会主义得以初步提出并创立。而在20世纪后半叶中国社会主义建设面临经济、政治、思想等亟待解决的诸多问题时，中国特色社会主义保证了中国建设、发展的正确方向。

**2. 江泽民：以“三个代表”重要思想坚持中国特色社会主义**

到了20世纪90年代，以江泽民同志为核心的党中央领导集体，开始面对新的世情、国情、党情。一方面，党的建设需要思考如何保证党的先进性，巩固党的执政地位，提高党的执政能力问题；另一方面，经过十多年的改革开放、经济发展，如江泽民同志所说：“我国经济体制改革确定什么样的目标模式，是关系整个社会主义现代化建设全局的一个重大问题。”回答好计划经济、市场经济的关系问题，也关系党的执政定位、站位等重大问题。

创造性地提出社会主义市场经济的理论，智慧地回答中国正在发展的市场经济到底姓“资”还是姓“社”的问题，由此厘清了普遍存在于中国社会的思想混乱、迷失，由此实现对社会发展方向的明确指引，以江泽民同志为核心的党中央，将中国社会主义建设带进了新世纪。

另外，基于对所处历史方位的新判断，江泽民同志提出“三个代表”重要思想，完成了党在指导思想方面的一次根本性转变。

**3. 胡锦涛：以社会主义和谐社会推进中国特色社会主义**

进入新世纪，胡锦涛同志带领的党中央，置身于新环境、新问题中。一方面因30多年平均每年近10%的经济增长速度，中国一跃成为世界第二大经济体；另一方面，面对前所未有的新的国际、国内难题和任务，第二大经济体的中国需要思考如何与世界对话，提高国际话语权，达成与自己经济实力相匹配的国际地位。国内方面，中国在经济、社会高速发展过程中，在经济发展、社会分配等方面存在严重不均衡、不和谐等问题。同时，党在快速推进经济发展的过程中，强调了经济、政治、文化三个方面的建设，但对社会建设却关注不够。

在党的十六届三中全会上，胡锦涛同志提出了要“坚持以人为本，树立全面、协调、可持续的发展观，促进经济社会和人的全面发展”。科学发展观作为党的战略选择和社会发展原则，促进了中国社会以人民群众利益为中心，开始转变经济增长方式，走共同发展、共同分享、节约资源、保护环境的道路。

进一步来讲，尊重社会发展规律，以科学社会主义逻辑指向和实践要求，党提出了社会主义和谐社会战略构想。科学发展观最终要推进和实现的根本目标，就是要建设社会主义和谐社会。把追求和谐、实现和谐作为执政党的理想信念，这是党在中国特色社会主义实践中首次把社会主义与和谐社会连在一起。而胡锦涛同志将社会建设提高到与政治、经济、文化建设同样重要的位置，推进了中国特色社会主义从“三位一体”到“四位一体”的转变，丰富、完善、壮大了中国特色社会主义理论和实践。

科学发展观战略思想和社会主义和谐社会战略构想，为习近平总书记带领中国共产党继续推进中国特色社会主义奠定了良好基础。坚定不移贯彻新发展理念，推动我国朝着更高质量、更有效率、更加公平、更可持续的方向前进，中国特色社会主义建设走进新阶段、走向新时代。

应时制宜、因地制宜，党的一代又一代中央领导集体，将马克思主义理论与中国革命和中国实践相结合，以实事求是为原则，坚守建党时的初心使命，以继承和发扬、传承和接续，一代又一代地主动作为，在坚定、有序的战略演进中，推进社会主义中国的发展、中华民族的伟大前行，推动中国特色社会主义走向更美好的未来。

作为百年大党的中国共产党在面对难以想象的艰难险阻中，始终能百折不挠、一路向前。虽然一代又一代领导集体身处不同的历史阶段，肩负不同的历史任务，但有几个共同的特点得以保持、延续，保证了党的事业和中国的发展战略得到坚定传承和推进。

一是为国、为民的初衷使命始终坚守。

二是勇于担当、不怕困难的斗志始终保有。

三是立足实际、实事求是地推进工作始终如一。

四是一代又一代务实革命、实践之心始终不变。

五是前承后继，持续推进社会改革创新矢志不渝。

在中国共产党高瞻远瞩的卓越智慧、政治洞见和非凡担当、坚韧推进中，中国共产党人筚路蓝缕、风雨兼程，无畏无惧、坚实前行，这才有了中国特色社会主义的不断建设、渐进发展，终于筑出今天高耸入云的中国特色社会主义大厦！

自 1978 年至今的四十余年里，中国社会从富起来到强起来的前行途中，在实现中华民族伟大复兴的进程中，作为执政党的中国共产党以高度的理论自觉与理论自信，提出重要战略创建和构想。前承邓小平理论和江泽民“三个代表”重要思想，后为习近平中国特色社会主义理论体系系统化建设的思想、理论、社会实践等奠定基础。

作为融有丰富理论、思想、智慧等内涵的战略构想，社会主义和谐社会具有思想演进化、理论体系化、社会实践复合化等特点。通过梳理、学习、导读，我们认识到：

（1）党的战略思想、理论和实践，要放在马克思主义中国化的历史进程中看，放在马克思主义思想、理论、社会实践的演进中看，放在历史唯物主义、辩证唯物主义的观点上看。

（2）要放在中国特色社会主义战略建设和发展中看，放在中国革命与社会主义建设的实际中看，放在解决中国问题的长局、大局、全局上看。

（3）要放在中国共产党建党、立党、兴党的初心、使命上看，放在实现中华民族伟大复兴的中国梦上看。

从社会主义和谐社会，到协同推进“四个全面”战略布局；从和谐世界构想，到“一带一路”、中国特色大国外交……2021 年 7 月 1 日，习近平总书记在建党百年庆祝大会上庄严地向全世界宣告，中国已经实现第一个百年目标，中国社会全面进入了小康社会！总书记的“七一”重要讲话，是中国共产党人百年战略推进的历史总结和归纳，也是当下、未来中国道路的最高指引与遵循！我们已然跨入了从富起来到强起来的阶段！

走进强国时代，困难、挑战仍然会接踵而来。在中国特色社会主义走深、走实、走细，走质量、走体系、走领先的时候，解放思想、实事求是、与时俱进依然是中国共产党坚守为人民服务的初心使命、站位实现中华民族伟大复兴梦的终极追求。

在习近平总书记的领导下，马克思主义中国化理论、实践在持续推进、深入细化、丰富发展中。中国共产党人的战略大智慧与大布局，在中国强国不可逆的前行、加快前行的征程上，将会有更加精彩的演进。

# 第二部分　讲读篇

# 一、大数据与人工智能的几部著作讲解

## （一）《微粒社会：数字化时代的社会模式》

通过摄像头、传感器、智能设备和互联网，我们的生活被记录、跟踪和解析；使看不见的个体被看见，个体的行为、偏好、诉求都留下了痕迹；每个人的一言一行、一举一动都可以用一长串的数据来概括、解释……这是德国知名社会学家，克里斯多夫·库克里克的经典著作《微粒社会：数字化时代的社会模式》描述的，我们正在不断深度地进入数字化微粒社会。

**1. 主要内容与观点**

（1）数字化技术带来差异革命。在仪器以“上帝视角”精准捕捉、客观描述数据中，过去基于统计中间值和平均值比对存在的“个体”，解析为以客观数据可量化自证的“单体”，构成了“微粒社会”，实现了量化的自我。当自我量化者多了，社会转向个体化的个人主义。社会的重新集合、高度解析，使人的价值认知和评价，体现在联系网络与其他个体的互动上，单体差异中“关系比类别重要，灵活的功能比用途重要，过渡比界限重要，顺序比等级重要”。

（2）数字化技术带来智能革命。未来，人类能够做的事情，机器都能做得更好。在数字化技术大规模运用及精准计算的情况下，如技术极客这样的超级明星，占全社会人口10%~20%受过良好教育的高素质劳动者成为主要既得利益者，使相同行业、相同职位工资差距明显拉大。机器将取代如信贷顾问、载重汽车驾驶员、裁缝、出纳员、保险业务员、矿工、模特、仓库雇员、药剂师、保洁员等职位；那些需要有创造力的职业，如医生、社会福利救助人员、营养顾问、牙医、心理学家、教师、运动健身教练、神职人员、护林员、护士、营销经理、董事会主席、乐队指挥、作曲家、环境工程师等，虽暂时安全但也很快会受到挤压。而数字化带来的智能革命指示了人类可能走向三种趋势：人变得更加聪明却更加紧张；以嵌入式智能方式将人类与机器统一到共同世界中；人类适应机器，但应对复杂情形的特殊天赋将会受损，能力将会贬值。

（3）数字化技术带来控制革命。每个人的身份很容易迅速地被破解，被预测的程度也越来越高。不同计算节点的分散评估、鉴定，使“控制社会”到来：不再是机构控制、守则规定，而是机器对活动的身体、情绪和资本流动等持续不断地监视，民众不再被强迫而是被改变；情绪不再受压制而是被微粒化操控（引诱）；不是被利用而是被解析。社交网站、银行汇款信息、信用卡消费记录、视频摄像头数据，让人的信誉等级、购买行为、职业道德及更多的信息可被评价，个人声誉重要性在不断提高。而算法和变量编制的网络，建立出既控制现在也控制未来的新形式。

（4）数字化技术带来超负荷的制度。在人与机器区别模糊，自治和操控不再对立，技术解析和社会解体的同时进行中，机器正在挑战、破坏此前世界的确定性，如无人驾驶汽车撞倒行人时，是人担责还是机器担责？道德伦理无法规范的同时，也改变了社会体制、体系的基本概念或用途，如教育体系中与智能机器互动的教学材料、学习场景及评价体系的微粒化，使教师等传统概念及区分被颠覆。数字化技术透视、计算成为不可见、也不可控制的权力。在“不可见者可见”的微粒社会，现有社会体制、机制尚没有准备好，旧制度解体的速度已快于新制度创建。这可能导致国家机器需要增强功用，承担起更多定义“差异化的标准、正常和反常”并采取行动的作用。

（5）数字技术促进微粒人的形成。人类无法理解技术规则、答案的时代已经到来。当计算机学会逻辑思考并发展出复杂认知能力的时候，以大脑智慧定义自我的人类已无优势。为此，对比于理性的技术，全新的人类自我形象，可以扮演分散的人、非理性的人、游戏的人、可以移情的人四种角色以重塑。其中，分散的人，是与机器联合的“强化人类”，人由此成为周围技术群体的一部分；非理性的人，是具有按照情境重新排列认知资源、学习新知识的能力，不再理性、持续稳定、有明显的界线，可以应对不可预知并不断重塑自己的人；游戏的人，是与机器合作、共同进化，自己发现目标、掌握规则、定义价值，从更多角度成长、富有创造力的人；可以移情的人，是指具有数字化敏感性、高移情能力，不可预测的复杂、抗压性极强的单体存在的人。

**2. 本书金句**

（1）数据越多，我们的特征就越清晰可见；数据越丰富，单体就越多；网络化程度越高，个体化程度就越高。

（2）我们的身体、我们的社会关系、自然界，以及政治和经济，一切都将以比之前更加精细、精确、透彻的方式被获取、分析和评价。

（3）我们曾一直认为，个体是不可预测的，现在我们断定：正是我们的独特性使得我们可以被识别。

（4）语言的产生、文字的发明以及印刷术的传播，它们当中的每一个都决定性地改变了社会的粒度，并迫使人类对自我和世界形成了全新的认知。

（5）智能手机、计算机和程序算法就像智力假肢，可以让我们加快、改进、提高。

（6）我们迎面走向的，不是人性的丧失和机器人化，相反，我们所走向的，是对人类更精确的认识。

（7）我们必须重新划定人类的领域，并且赢取新的空间，在这些新的领域和空间范围内，我们可以感到安全——至少是暂时的安全。

（8）现代人的骄傲是能够成为某个人并且能够坚持做这个人。微粒人的骄傲在于一直可以成为另外一个人，同时不会失去自我。

### （二）《删除：大数据取舍之道》

与曾经介绍过的《大数据时代：生活、工作与思维的大变革》一样，本书由英国“大数据时代的预言家”维克托·迈尔-舍恩伯格等撰写，并获得了美国政治科学协会颁发的“唐·K. 普赖斯奖”，以及媒介环境学会颁发的“马歇尔·麦克卢汉奖”。

大数据时代，使人类社会从“遗忘是常态，记忆才是例外”的状态，转变为“数字技术让遗忘成了例外，记忆成了常态”。这部著作主要思考如何通过互联网服务，使数字信息能在一段时间后被遗忘，以实现个人隐私保护的问题。

**1. 本书内容**

本书分为两大部分。

第一部分分析了大数据时代为什么要进行信息取舍：记忆很容易，遗忘很奢侈。

作者首先介绍了数字技术带来了一个没有遗忘的时代，人类行踪留在数字化“完善的记忆”中，就像全景敞视的“圆形监狱”，在随时随地地监视着每个人。没有遗忘将使人困在记忆中，不能忘记往事，失去坚定生活在当下的能力；而对于社会性遗忘机制来说，因为全部记录在案，永久数字记忆将意味着不再给失败过的人第二次机会，人类发展要从历史反思中吸取教训走向未来，也将不复存在。过去，遗忘是人类的天性。人类曾用本能、语言、绘画、文本、媒体等加强记忆，并在归纳、推测中不断重构记忆，目的在于更好地活在当下、构造未来。今天的数字记忆，虽能永远记住所有信息，却颠覆了人类生物记忆的自然过程，造成人类生物和社会文化传统、自然机制运行的障碍。

第二部分阐述了大数据时代如何进行信息取舍：开展“互联网”遗忘运动，建设数字信息“仿生”遗忘体制。

作者指出，当前的数字化、廉价的存储器、信息易于提取和互联网全球性覆盖的特性，使世界被设置成了记忆模式——记忆容易，选择性删除成本高。具有可访问性、持久性、全面性特征的数字化记忆，一方面让个人可能失去隐私，而公司或政府等利用信息权力将获得信息优势。数字化记忆破坏了人的生物性遗忘，外部记忆成为记忆的线索，损害了人类生物进化出的判断力和及时行事的能力，也让人类失去进化、发展和学习的机会，导致心理上的时间错乱，可能在永久的过去和被忽略的现在之间徘徊。

由此，作者提出要开展一场“互联网”遗忘运动。他提出了应对数字化记忆和信息安全可能采用的六大具体对策：一是数字化节制，每个人应谨慎发布信息；二是保护信息隐私权，运用法律手段对其他人、机构等使用个人隐私做出具体限定；三是建设数字隐私权基础设施，用技术支持建设数字版权管理系统；四是调整现有认知，全人类忽略过去，接受人类是永恒变化的事实，让信息长期存在不再成为威胁；五是打造良性的信息生态，对哪些信息能被收集、存储，能被谁记忆、记忆多久等做出规定；六是完全语境化，全面收集、保存、提取原生态信息。

最后，作者就应对数字化记忆和信息安全，提出一个关键对策：模仿人类生物遗忘方式，将数字记忆与用户选择的存储期限关联。即：规定信息存储期限，以提醒人们信息的有限性，促进遗忘“复活”；建立“能衰退”的存储系统，让旧信息需花费更长时间被搜索出来；建立复杂、渐变的遗忘机制，允许信息逐渐“分解”或“锈蚀”。

作者认为，让遗忘回归常态，就是让人类接受变化中的自己，允许随着时间的过去而不断改变；要活在当下，而非活在越来越无关的过去。

**2. 几点启示和思考**

（1）大数据等带来的新技术性能，超出了人类生物性的容纳、涵化能力。比如，数字记忆颠覆了遗忘和记忆在人类生存中的基本顺序、地位，甚至功能，也新构出“数字人生”。如何应用和发展新技术？首先要做到的是，技术进步不能背离人的自然生命属性；其次应让技术规则服膺、服务于人；最后要跟随人类进化惯例和方向，制定技术管控的核心制度。

（2）新技术的进步，不能背离社会文化建设的基本要求、基础规则。比如，在继承中发展，文化进化的“涵化”原则等。新技术不能以彻底撕裂、摧毁现有社会、文化机制为代价。如数字记忆带来了人类社会记忆、遗忘的倒置，在新技术带来文化断裂时，人类首先需要基于既有文化传统、规则，将其纳入当前社会文化结构和进程把握；其次用符合现行社会运行的规则、方式加以改造、应用；最后要根据社会稳定、有序进步准则，规划好技术的建设定位、发展框架和前进线路。

（3）新技术迅猛发展时代，要着意并用力在人、社会、技术生态的和谐、平衡建设上。大数据技术的伦理问题，主要体现在隐私泄露、信息安全以及数据鸿沟方面，以人为本是技术进步的核心原则和坚守。首先应秉持无害性原则，技术进步要定位、站位在人的生存，人类社会健康发展和人民生活质量的提高上；其次要兼顾社会公平、公正原则，如大数据时代没有信息特权，没有信息鸿沟；最后应在人、社会和技术体系间，保持良性互动、健康互为，防止出现大数据应用的异化。

大数据技术的出现，人类正在加快真实与虚拟空间的互融、共建进程。未来，有关大数据、人工智能、物联网等技术的体系建设、能量发挥，有关人机互动、共生的规则等，都需要建立新体系、制定新制度。以保护人类更好生存、发展为基础，保证社会和谐发展、健康运行为追求，保障新技术有序发挥作用、以推动社会进步为方向，需要社会治理体系、机制、模式提前谋划、立体建设，需要全社会多主体、多环节、多方法、多手段精准对策、综合施策。制定出有利于生态、生产、生活和谐建设的新技术开发、应用政策和法规，是中国特色社会主义国家治理体系、治理能力现代化建设中，需要多加关注、不可或缺的重要内容。

## （三）《当下的冲击：当数字化时代来临，一切突然发生》

数字化时代的到来，让人类远离了生物本能和传统社会的运行准则。在加速度和虚拟化交流中，人们主动、被动地拘囿于数字世界，远离了鲜活、有血有肉的人类社会，世界已经变得陌生。

美国社会理论家道格拉斯·洛西科夫所著《当下的冲击：当数字化时代来临，一切突然发生》告诉我们：这就是人类等待已久的时刻，但人类却不能从容地活在其中。其原因在于 21 世纪的“当下主义”带来了“当下的冲击”，使人类失去了社会进步和奋斗的未来。如何解决问题？他提议可选择按下社会飞速发展的暂停键。

本书的主要内容、观点如下：

（1）数字化的永远在线，带来了“当下的冲击”。由于数字化时代人们“永远在线”，所以人类社会已经进入并适应了“当下”时刻和文化。人们关注的都是实时、实地、永不停歇的正在发生的事情：如果不是眼下正在发生的事，就没有意义；人类试图抓住每个流逝的瞬间，沉溺于即时、定制化、数据流的永恒当下，不再向前看。

（2）“当下的冲击”严重影响人类生活、社会心理和社会结构。“当下的冲击”对人类社会带来了四个方面的影响：

一是传统的线性叙事结构坍塌。社会文化建构不再用逻辑编织、叙事，而改成了直接、即时、结构关系连接的拼图过程，人们在其中享受着游戏、即时体验的快乐。

二是“永远没时间”。人们使用同一电子身份置身不同设备、平台、网络中；人们停留在数字系统生成的虚拟现实中无止境地忙碌，感受着所有事情都在同步进行中，所以没时间、永远没时间。

三是时刻处在上紧发条的当下状态。由信息、符号绑定的数据存储时间与线下流动的真实时间合并在一起，过去和未来也混搭进数字化的“永恒当下”里，人类失去了用时间尺度理解和区分事物变化的能力，患上了强迫症。数字不断挑战人类生理、心理和自然节律间的联系，社会正被数字时间掌控。

四是找出联系的分形偏执。“当下的冲击”让人们在可能没有关联的事物间，生硬找出相互之间的联系，形成了分形偏执。不在乎有始有终，人类只在乎永恒的当下，也被驱使着不断创造简单的模式，去应对当下混乱、复杂的混沌世界。

（3）新的价值理念正在重塑我们的社会。在作者看来，“当下的冲击”“是一种超越时间的存在，可能引领人类正走向更大的互联性和复杂性”。他认为，区分人类真实记忆、经历与虚拟记忆、经历之间的差异将没有意义。对于如何应对“当下的冲击”他提出：解决之道就是保持平衡——以人类的责任和支配权，在数字存储和真实流动时间之间找到最佳平衡点。可以保留安全的思考空间，赋予活在当下应有的价值，对不确定性持宽容态度，不强行为不同事物间找到联系或做出结论……不急于前行，暂时选择停顿。

### （四）《大数据时代：生活、工作与思维的大变革》

这是一部被公认为最好的关于大数据的著作。作者之一的维克托·迈尔-舍恩伯格被称为英国“大数据时代的预言家”，也是被世界知名企业、机构和国家政府高层信赖的信息权威与智囊。

**1. 主要内容**

大数据不仅改变了人类的生活、工作和思维方式，更改变了人们理解和组建社会的方式，使思维、商业、管理发生变革，带来时代的重大转型。

（1）思维变革：大数据成为人们获得新认知，创造新价值的源泉。信息分析取向的三个转变，促进了人类思维的重大变化：一是不再依赖随机选取数据去提高有限数据分析的精确性，而是基于更多甚至所有数据的全部分析，结构出“样本=总体”的全数据分析模式；二是各式各样、参差不齐的大量数据的分析，使人们不能也不再执着于精确，而是容许不精确和混杂的情况存在；三是人们不再热衷“为什么”的因果追寻、推理，而更加关注相关关系挖掘和利用的“是什么”。以相关关系去捕捉现在、预测未来，颠覆了千百年来人类的思维惯例，对人类的认知和社会交流提出全新挑战。寻找、利用相关性，将让社会释放巨大价值。

（2）商业变革：文字、方位、社会沟通，以至世间万物全部数据化，让世界成为“可以理解”的数据海洋。“量化一切”改变了市场、组织机构，影响了企业和商业模式。数据在不断地被处理、再利用、重组、扩展、折旧，形成并利用“数据废气”（指的是网络留痕，如用户在线交互中浏览了哪些页面、停留了多久、鼠标光标停留的位置、输入了什么信息），以及被开放、被授权中，数据帮助人们实现所有可能的“潜在价值”。组织方面，数据、技术与思维三足鼎立催生基于数据、数据技能、数据思维的三类公司。人才方面，具备大数据或创新思维的人获益最大，统计学家、数据分析师取代了行业、技术专家的位置。

（3）管理变革：无处不在的大数据改变了政府与公民的关系。首先是带来对个人隐私的威胁，大数据的核心能力——预测，将用来判断和惩罚人的潜在行为。

一个人的信息被二次或创新性利用。所有人的信息都在数据库里，不管是采用信息收集时告知、许可，还是应用私人信息时以打马赛克的方式进行模糊化处理，传统的隐私保护策略都已失效。

**2. 惩罚前置**

大数据对相关性的捕捉，使人们可能不再因过去做过的事受到惩罚，而是因预测将要做（发生）的事（没有事实犯罪）而受到惩戒。而基于未来行为的惩罚制度，与人做了某事才需要负责、人因自己的选择才需承担后果的传统公平正义原则不符。大数据预测打造出更安全、更高效的社会，但也否定了人自由选择的能力和行为责任自负的标准。

**3. 数据独裁**

人类在盲目信任、利用数据力量和潜能时，如对数据的局限性重视不够，而只是滥用、误用大数据时，可能导致错误认识、判断和行为。因此，人类信息管理准则需进行新的定位；大数据需要全新的制度规范。在重新定义公正概念、确保人类行为自由的基础上，大数据时代应采取的监管措施有：

一是保护个人隐私从个人许可转为让数据使用者承担责任。可由监管机制决定不同种类个人数据必须删除的时间；采用“差别隐私”方式，采取如将目标数据模糊处理，使大数据库不能显示精确结果。

二是惩罚机制结合个人动因和预测分析。要将个人动因保护纳入公正概念中，确保政府对人们行为判断基于真实行为；依据大数据进行预测时，要遵守公开（公开用来预测的数据和算法系统）原则、公正（第三方专家公证的可靠、有效算法系统）原则、可反驳（明确对预测可反驳方式）原则、防范“数据独裁”危害。

三是保证数据预测、运算法则和数据库透明、可解释、可追踪。由大数据算法师（计算机科学、数学和统计学领域专家）把握，包括根据客户、政府要求，能对大数据准确、有效性地进行鉴定的“外部算法师”和在机构内部监督大数据活动的“内部算法师”，以及数据保护代表（兼有社会和公司监督身份）。

## （五）《第四次革命：人工智能如何重塑人类现实》

2015年被誉为智能机器人元年。据中国互联网络信息中心第44次《中国互联网络发展状况统计报告》数据显示，截至2020年3月，我国网民规模达9.04亿人；互联网普及率为64.5%。其中，手机网民规模达8.97亿人，较2018年底新增7 992万人，手机上网已成为网民最常用的上网渠道。中国已经进入信息技术领先的时代，是不争的事实。

信息哲学领军人、牛津大学哲学与伦理信息教授，意大利科学、技术与伦理领域思想家之一卢西亚诺·弗洛里迪撰写的《第四次革命：人工智能如何重塑人类现实》一书，阐述了线上线下大融合及人工智能的发展，使人类进入自我认知的第四次革命——图灵革命的超历史时代。著作主要阐明的思想是：信息与通信技术的巨大变革，创造、重塑了人类的理论和现实基础，改变了人类自我认知、个人隐私、身份认同，以及对这个世界的理解。

本书主要内容与观点：

第一，从时间维度看，人类进入了超历史时代。这个时代人类面对的机遇和挑战是：信息与通信技术越来越多地自主处理信息，数据量让人难以想象，网络价值得到迅速提升；同时，也存在大数据存储不稳定，数字永久记忆拘囿了人类的历史和未来，存储空间不能容纳所有大数据，带宽不够限制了人的线上体验感受等问题。

第二，从空间维度上看，智能和自主能力不再是人类独有的特性。一个超历史、依赖于技术的社会可以脱离人类而独立存在。在这个社会中，人机之间交互连接，线上线下实现了融合，现实正在向信息化方向转变。世界已然变成一个信息圈，人们更多地生活在线上，彼此信息圈同步化，没有疆界的区分。

第三，从身份认同层面看，个人迫切需要建立网上的身份认同。网上“微叙事”模式，使每个人经过数字记录下的小事、痕迹，都指向其身份认同的描述。数字记忆深刻地影响了人的社会身份塑造，信息与通信技术带来的“数字化凝视”，使人们可以用他人视角看待自我。人类因此改变了社会认同和自我构建的方式。数字化技术甚至可能造成人对虚假身份的认同。

第四，从自我认知层面看，人类不再是信息世界的主宰。人工智能让人类在逻辑推理、信息处理和智能行为领域的主导地位不复存在。当数字设备处理原本由人类解决的问题，当人类将自己的记忆、决定、日常安排和其他活动，委派、打包给人工智能打理的时候，人类已不再独一无二，而不过是信息社会中的信息体之一。

第五，从隐私方面看，技术手段被用于识别和保护过程。就人类的身体、精神、自决以及信息四类隐私保护，在数据产生阶段，技术可用于其间的加密、匿名、密码编码、建立防火墙、特定协议，或发生外部数据捕捉时系统警示环节；在数据存储阶段，技术可制定规则并执行；在数字管理阶段，以数据挖掘、分享、配对、组合等方式，技术一方面方便使用者认证、管理，另一方面控制、管理信息的使用。

第六，从人工智能方面看，技术改写世界、人类设定的边界。探究世界与人工智能成功交互的方式，人类在促进智能技术适应、处理复杂变化、不可测环境的同时，应设定促进社会环境适应智能技术、智能技术与世界友好交互的恰当边界。

第七，从智能体方面看，智能设计与人机互动影响着人类关系的建构。轻人工智能、智能体、智能陪伴、语义网等，正逐渐建立起人机友好的新世界，以及以人本计算为准则的人机共享新模式。下一代网络将进一步通过语义网、云计算促进虚拟和现实世界的深度融合。

第八，从政治方面看，信息技术全球化使政治面貌发生变化。国家作为信息智能体，运用信息和通信技术行使和维护着法律效力、政治权力以及社会控制。而第四次革命更有助于人类社会道德的选择、行动和进步，更看重信任、隐私、透明、言论自由、开放、知识产权、忠诚、尊重、可靠、名誉、法治等，由此对既有政治模式形成挑战。

第九，从环境保护方面看，信息圈的发展危害生物圈的健康。为此，一方面要有可持续性、能保护环境的信息与通信元技术；另一方面以元技术立法为手段，可制定有效的预防策略、限定和修复策略，以及补偿策略等，从而减少人类对生态环境的破坏。

人工智能革命带来了人类社会政治秩序和生存环境等方面的颠覆性变革。面对技术主导、人机交互引发的挑战，为实现与机器的和平共处，人类应基于信息圈是人类需要保护的公共场域的视角，划好边界，建构并实施整体环境解决框架与方案。

### （六）《爆发：大数据时代预见未来的新思维》

以富有趣味和悬念的科学与历史内容交织，《爆发：大数据时代预见未来的新思维》一书，由复杂性科学界国际领军人物巴拉巴西撰写。基于科学技术发展新环境，在对过去历史观重新论证的基础上，作者主要指出：在大数据新背景下，数据、科学以及技术的合力，使人类行为变得更加容易预测。

**1. 核心内容与观点**

（1）人类日常行为有着深层次的秩序，是以“爆发性”模式而非随机状态存在的。这就是说，我们的工作、娱乐、各种活动都具有间歇性，会在短期内突然爆发，然后又几乎陷入沉寂。而人类无论访问网页还是其他行动，都是以爆发方式完成的。

（2）人类始终追求着让自然、社会现象被理解、描绘、量化和预测，并最终加以控制。当打上时间印迹的文本、声音和图像，互联网搜索，以及社交网络上种种关系加在一起，合成了巨大而海量的数据库，记录下人类活动、支付、交往、言行等选择及生活的时候，93%的人其行为及未来走向可以被预测。

（3）爆发是生命奇迹的必要因素。人类行为的爆发模式，由幂律（优先次序排定中使优先者优）主宰真实活动的节奏：一旦幂律出现，爆发点就会出现，对幂律的认知最终可带来对人类行为的精准预测。

**2. 启示**

人类行为的走向和结果，并不都是偶然的。大数据时代，时间是人类最宝贵、不可再生资源。而通过时间上优先次序的发现和设定，人们可预测、找到受幂律主导的行为爆发点；通过优先次序的选择、安排和行动的选择、积累，不断增加人生的爆发，人们还可有预测地走向要实现的未来。

## （七）《与机器人共舞：人工智能时代的大未来》

本书是曾获美国普利策奖的《纽约时报》高级科技记者约翰·马尔科夫撰写的一部有关人工智能、机器人发展史的科普读物，具有通俗的史料价值。书中运用大量有关人工智能发展的实际案例、故事，以及专家观点等，点、线、面结合，立体、生动地呈现、描述了人工智能更多地从AI向IA转变的发展图景。

主要内容和观点：

第一，人工智能已经成为人类生活的一部分并将继续强化。作者指出，无论机器人是否帮助现实世界中的人类，人工智能已经日益成为人类生活的一部分，并形成两种发展取向：一种是日益强大的计算机硬件和软件组合将取代人类；另一种是将硬件、软件组合作为工具，用在人类脑力、经济、社会等方面的能力拓展上。其中，有一条结论是肯定的：智能机器最终都会变成人类设计的模样。

第二，人类推进人工智能发展路径从 AI 转向 IA。随着机器学习能力的增强，人工智能从 2014 年起加速发展、前景良好。机器在运算方面远超人类。当智能机器日益呈现极强的独立性，新一代人工智能技术促进了新“思维机器”出现的时候，引发了很多专家的警惕：当机器超越人类，人类的位置在哪里？所以，将人工智能视为人类最大威胁，在进行 AI——以智能技术代替人，还是 IA——以技术增强人的能力的选择时，越来越多的人就推进智能机器技术开发、进步，趋向赞同并强化“以人为本”的人机交互、人机协同智能增强模式——即以人类为中心重塑计算，借助智能机器去帮助人变得更聪明。

第三，解决人工智能与技术的矛盾决定于人类的决策。AI 和 IA 将在各自领域不断地向前发展，对于两者间矛盾的解决，以及未来应如何发展，作者认为将取决于工程师和科学家的决策。而在人类与机器共存的时代，一方面致力于让智能机器变成方便人类操纵、使用的玩具，实现更自由、更放松的人机交互；另一方面把握好人类拥有的选择权、设定权，并在巨变的奇点来临之前，做好充分的准备。

### （八）《人工智能的未来：揭示人类思维的奥秘》

本书由美国国家技术奖获得者、奇点大学校长、谷歌公司工程总监雷·库兹韦尔撰写。在洞悉未来思维模式，解析“人工智能”创建原理的基础上，本书大胆预言了人工智能的未来。

通过对人类思维本质的全新思考，本书的核心观点是：当智能机器的能力跨越“奇点”后，人类的知识单元、链接数目、思考能力，将步入加速喷发状态——一切传统和习以为常的认识、理念、常识，将不复存在，智能装置、人机复合体将进入“苏醒”状态。人类有能力创造超过自身智能的非生物智能，制造出比人脑更具可塑性的“仿生大脑新皮质”。2045 年，储存在云端的“仿生大脑新皮质”将与人类大脑新皮质实现“对接”，“奇点”到来，人工智能将超过人类智能，由此世界将开启一个新的文明时代！

# 二、从海外新移民作家及作品了解中国融入世界的来时路

学习中国近代史，首先要了解 1840 年以来中华民族曾经历过的积弱不振，丧权辱国；其次要懂得中国人民为了争取民族独立、解放，曾进行过的英勇奋斗、流血牺牲，不忘过去；最后则在回顾、反思中，切身体悟、深刻领会国家富强、民族复兴的深刻意蕴及其价值、意义，不忘前行。

近代以来，因为清政府的羸弱，清末曾有一批华人或被当作猪仔贩卖，或因淘金梦等原因，流落、远赴欧美、澳洲等国，成为移民。在海外国家生存、扎根、繁衍的一代又一代中国移民，他们的经历、心路历程，是观察一个多世纪以来中国社会变迁、发展，中华文化功能、作用的特别视角，是中国及中国人进入、融入世界的特殊记录与呈现。

由欧洲、北美、澳洲等资本主义国家的留学生群体构成的新移民作家及其作品，则集中地让我们看到了 1978 年改革开放后逐渐融入世界的当代中国发展的一段心路历程。在新移民作家的笔下，他们追溯华人移居海外的生存史，回望母国社会的建设和发展，在客居他乡的打拼、经历、感悟。尤其作品中必然带有的文化心态变化，不仅体现出人类生命体融入新环境时的切身感知与体悟，还有母国社会、文化对其深刻的影响和作用。

## （一）刘奥笔下的澳洲华人：从匍匐到融入、站起

2004 年，由群众文艺出版社出版的澳洲新移民作家刘奥创作的《澳洲黄金梦》，有用来反观我们国家和民族百年发展史的部分内容。

小说以历史和时空意识，从远赴澳洲淘金的第一代华人写起，描写了 1850 年到 2003 年，四代华裔澳洲人在异国他乡的生存繁衍、前赴后继。清咸丰年间，王振彪等华工漂洋过海来到澳洲，自此，早期华工及其后代在澳洲

土地上生存繁衍。100多年间，他们曾因种族主义作祟，被无辜杀戮；他们在困境中生离死别，却以独特的斗争方式对所在国做出自己的最大贡献；他们在偏见歧视、得不到公正对待中，却把一腔热血洒在澳洲乃至反法西斯战场；他们不断艰辛调整文化认知，以友好、善良，力图去理解每一个在澳种族；他们与澳洲白人、土著人，在共同拓荒过程中，扭转文化误解和排斥，最终相互接纳、融合……小说描写了澳洲华人在血与火中坚守的民族自信、自尊和自立的文化自觉，宽大和仁厚胸怀，合作与奉献精神，何尝不是中国近代以来，从羸弱、闭关锁国，到艰辛曲折中不断抗争、奋起，到不畏牺牲争取国家、民族独立和解放，再到主动开放、合作，自信、自在、融入。

体现在这些昂扬主题和主要内容后面的，有原为《北京日报》记者的刘奥，要用历史回溯为澳洲华人“正名”的用心，但同时，那种“为赋新词强说愁”的“强努的自信”，却让今天的我们读来，还能感受到中国人民从站起来到富起来的过程中的曲折、渐进、努力，并最终重建民族文化自信和强大心理的心路历程。

### （二）鲁娃笔下的欧洲新移民：在错位的情境中错位人生

旅法作家鲁娃的作品创作架构和面貌，常常表现为消弭了国界、民族区分，消失了政治意识形态区分、中西文化差异，一群华人，横亘在历史与现实、过去与现在、人类与社会、人性与人生等之上，以形形色色的生存状态，在不同的欧洲国家，本色而鲜活地面对、演绎在异国他乡打拼的纷繁故事。

原为《温州日报》记者的鲁娃，旅法后创作的文学作品，一方面讲述欧洲各地华人新移民的生存故事，为旅欧华人记事；另一方面，在其所有的作品中，都自觉不自觉地描摹、刻画出各色人等的错位情境、错位人生。

如2003年出版的长篇小说《女儿的四季歌谣》，主要描写女性在人类社会中永远被宰割的被动存在；发表于《人民文学》2007年第五期、选载于北京《中篇小说月报》的《那个时代的肖像》，描写因历史的原因，蹉跎半个世纪依然不得其终的爱情；2007年发表在《芳草》第一期并为《小说月报》增刊四期选载的《爱的最后舞蹈》，则描写女主人公患上绝症以后，真挚而炽热的爱情面临生物本能和精神感知的错位情形……鲁娃关注着人类的错位，也呈现着错位情境里的生命面对。而《西班牙冰层》中主人公李羊已获得人生成功，却因生意受骗，选择与不义商人同归于尽；《那个时代的肖像》中芬妮在半个世纪后神奇地与爱人相逢，却留下一纸遗书绝尘而去——这是作家在描写错位并直面错位的同时，表现的新移民在必然的文化身份错位情境下的心态：在客居国的文化环境中，感受到的软弱、无奈、伤痛甚至绝望。

这是我们经历过的历史：贫穷曾让我们不得不渺小、窘迫、局促。

### （三）曾晓文笔下的加拿大新移民：在直面挑战中勇敢“漫游”

1978 年中国改革开放以后，一批年轻的中国人，发现另外一种生活方式的存在。他们不顾文化、社会体制等的不同，义无反顾地奔赴异国他乡，开始新的人生旅程。

加拿大新移民作家曾晓文的文学作品，描摹出新移民从求生存到求发展的艰辛历程，刻画了大多数第一代新移民的道路：在新文化的融入过程中，举步维艰，遭遇很多难以预料的人生困厄。

而曾晓文着力定义、描摹、塑造的具有以下特征的“漫游者”形象，可以用来观察 20 世纪八九十年代中国融入世界的来时路。

**1. 勇于面对挑战**

已经放弃了在母国文化体制中的稳定与安全，脱去固有文化保护层的新移民的身心裸露在异国他乡的风雨中，经历未知的忐忑与彷徨；只有接受新的社会及文化，才能生存。曾晓文的作品让我们看到一个个踏上异国社会、进入异国文化圈的个体，硬生生地脱离已有文化的养成，努力让自己的身心，经受不同文化挑战的过程。在并不十分坚强的血肉之躯及生命体应对的极限挑战中，新移民个体融入异国社会和文化，是再次成长，是蜕变、更新和植入。

**2. 敢于面对人世间的一切苦难**

曾晓文笔下的新移民，面临太多没有预想到的困难：与周围环境疏离，和客居国的人不能沟通，没有钱上学，不能迅速掌握在新的社会环境和运行规则中的生存方式，找不到一个人托付脆弱、倾诉情感。从踏上新大陆土地起，凭体力谋生，无以选择，为生存，再大的困难也不能逃避。但移民者必须勇敢：“生活总是要改变的，关键在于改变幅度的大小；或许改变幅度的大小并不重要，而至关重要的是人的适应能力的强弱。”

**3. 用心体验、坚定融入新的文化环境**

从中国社会文化既定身份出发，跨越中西文化，负载“两种以上的文化期望和文化冲突”，移民者必然具备“同一时代背景下两个或两个以上的区域、民族、社会体系、知识体系之间从隔阂到同化过程中人格的裂变和转型特征”。贴近每一个相处的人，接近每一件接触到的事；既让自己身在其中，同时又超越其上：不回避苦难，正面迎上，要成为有强大内心、主动成长的坚强主体。

人类文明代代相传、薪火相接，每一代人都必须从无学起，通过对知识、经验的不断获取、积累，通过主动或被动的经历与承受，通过锤打与历练，形成并长成自己的生命骨架与应对能力和方式。成长是每个人个体都必须面对的生命主题，只有在苦难中站直了身躯，永不服输、永不放弃，才能成为被首肯、被承认的强者！

永不言败，以不断的成长去抗击身心内外的压迫与侵蚀的精神，人类的伟大，不正在于这种百折不挠的坚韧与勇敢吗？对于国家，对于处在历史大变局中的当前中国，这何尝不是一种启示?！我们，都要在直面各种不确定性的挑战中，不断成长、渐进强大！

### （四）李彦笔下的加拿大新移民：以中华文化为核心的喜相逢、新共处

与在一个国家、社会中生存并发展的大部分人稳定而正常的体验以及领悟到的人情世故的程度等不同，海外移民文学围绕动荡状态的移民人生描写，显示出不同的文学、文化价值与意义。加拿大新移民作家李彦及其作品，淡化了移民生存悲苦和文化心理挣扎，站在时空与心理的距离之外，去体察、感悟人的社会性存在的状况与意味。

李彦在其长篇小说《嫁得西风》中，描摹了“加拿大的林子大，什么鸟儿都容”的状态下，呈现当下历史时空中大陆与台湾移民共处一室的真实文化景象。

大陆与台湾的地理分割，社会体制存在不同，李彦的作品展现了来自大陆与台湾的华人移民，在加拿大实现的“聚合”。中国历史、政治、地域等客观现实造就的人为区分、隔膜，却在加拿大移民群中实现了突破与解禁。书中的台湾胡太太自行组织的“中华妇女联合会”，成为各式各样华人妇女共同的组织和聚会场所。这里，尽管因为曾经处在不同的政治体制环境，有着不同的经历，戴着社会意识形态不同的有色眼镜，消弭了历史、社会的空间和时间距离，在异国他乡团聚。小说中也描写了大陆与台湾女性，都在一定程度上怀有过对对方的戒心甚至敌意：在台湾女性的眼中，大陆女性的脸上有着一种“杀气”，而在大陆女性的眼中，台湾“女人的言谈举止神色中，有一

种自己所不熟悉的气质”；台湾女性觉得大陆女性的“大刀阔斧，冲冲杀杀，临危不惧的模样”，有点“太不像女人”，而大陆女性则对总是作为家庭主妇的台湾女人身上散发的“安详、柔婉，也包含着知足和慵懒”的气质，有着一定的不以为然。但这些由历史、空间疏离造就的隔膜，在同样身处加拿大——一个现实生存的社会里，面对异域文明，面对新的人生境遇，其同文化、同语言、同宗同脉等自然血脉联系，使大家在不知不觉间不仅走近，而且最终融为一个相互关照、体恤的共同体。

作品中，虽然主要因生存需要，“中华妇女联合会”中的华人女性才相互走近，但也体现出中华文化强大的聚合力。而李彦小说所呈现的海外华人共处的特征、模式、走向等，为考察中华文化对其成员所具的深层整合功能，为如何在宽容、务实氛围、环境下，以文化力量助力台湾回归、国家统一大业实现，提供了参考。

### （五）宇秀笔下的加拿大新移民：整合好文化再出发

活在世界，不是每个个体都经过人生的大起大阖，尤其还是在不同文化间腾挪迁徙，因此具有社会学“标本”意义。在当今地球还以国界为划分，又有民族文化差异的时候，移民到别的国家，就意味着一个人放弃既有社会认知标记，将本体生命部分剥蚀出故国文化的包裹，暂时裸露，直至在新的社会文化规范中，找到人生支点与平衡点。而移民转向新文化身份建立的过程，其间的感知、行为、经历、走向，体现也验证人的生命个体于非常态情形下的应激、应对与作为。从这个意义上说，较之于文学价值，当作家本人正是这样的“标本”的时候，海外华人文学作品更多是社会学层面的贡献。

旅加作家宇秀的散文集《一个上海女人的温哥华》，较为完整地呈现出新移民在地理迁徙、文化迁徙与心理迁徙中的过渡状态。历经文化身份的失去，心灵的漂浮，再经生存的落地、生命重新站立，作品裸露、表现出个体在其间的张皇无着，描绘出文化身份错位、社会角色转换时的身体不适、心理疏离，直到身心合一、找回自己，完成在新的社会文化规制中的重新定位。

**1. 无文化系根之重，有前程缥缈之轻**

宇秀的散文，曲尽其致地描写出加拿大新移民的生命感知。首先是加倍又加倍放大了的感觉：敏感到上海和温哥华气味的不同；敏感到面对巨大的文化身份转换，要“努力追忆那些曾被剥离掉的”故国的“气味”；敏感到索性“昏昏欲睡”，不愿意再去“追忆什么”。如作品所述：“当人生处于一个重大转换时刻时最容易产生思想，却也是恐惧思想的时候。”新移民宇秀面临的这个“重大转换时刻”，是个体放弃了既有文化身份和社会地位，也就此失去了母国文化的参照、比附与命名。曾经是上海人的宇秀，再不能按照过去的文化规则行事，从落地加拿大时起，就淹没在无名、失去心灵居所的寥落里。在无法承受失重之轻时，感觉成为活着的唯一线索，被无限地放大。此时，上海虹桥机场外那不好闻的味道，“有一种到家了的踏实”，温哥华“空气虽然清新宜人，却有点空落落的”；渴望宁静的宇秀，在机场大厅闹哄哄的人声中，“感到无比的安慰”，“刚刚走出机舱的清新安静”，则让她“有点恐惧”……文化是人类的原乡，失去文化依附和社会给定，个体就失去了生命的安全感。

**2. 因“失家”裸露，因“失我”背离**

随着放大的感觉接踵而至的，是旧与新的文化身份的磨合、平衡。初到陌生的社会体系、环境中，个体需要获得新社会认知和新文化身份，找到社会新定位，方能安心、稳定。这是社会化生物的人类本能，也是社会文化召唤和归化机制的领地。第一代新移民落地后首先要过生存关，面对生活和心理现实、紧迫需要，个体必然对历史与当下、内心感觉与现实面对、文化认同与社会定位间矛盾、疏离以致悖逆极其敏感。如宇秀所述：“当不少移民来的女性为生计操劳的时候，就比较怀念国内曾经的职业了。……大部分人在职业上的骄傲就不复存在了。”

进一步的，悲哀还在为生计所迫奔波、辛苦的自我认知中，“没有办法真正地做他们自己”，“原本的自己却在不知不觉中瓦解与动摇着”。这种“失我”的分裂状态，是新移民必经的社会再定位过程。宇秀把这一阶段新移民都会起的英文名，形象地比喻为“橡胶手套”。与起英文名的新移民交流，“即使握住他或她的手，也感觉不到骨肉，像只是握住了一只橡胶手套，那只真的手会随时从那手套里抽走”。

此时，不改名叫露丝玛丽的宇秀，无法被新文化环境接受、识记；改名叫露丝玛丽的宇秀，又一时无法认同露丝玛丽。社会符号与自我社会认知，呈现两张“皮”的分离状态。在没有完全接受新文化庇护之前，个体和主体只能频繁地出入中英文名字——文化符号间，让宇秀与露丝玛丽各自承担“失家”主体裂变时期的文化片段，直至身心历练、整合、容涵，新的文化符号内化为深层次文化人格，两个文化系统在个体处达成和谐共生。

### 3. 母国在精神深处，客居国在生活进程中

人类与文化的互为，终究会在冲撞、跌宕后重获平衡。这是人类面对新的社会文化环境做出的适应性调整，亦是宇宙间生命体进化及整合的规律。

在新移民身上，最初的文化冲击和社会认知的颠覆，最终表现为母国文化认知与标准内化到个体的精神深处；客居国的社会定位与文化身份则外化、彰显为客观行为与遵循。相对于宇秀与露丝玛丽作为文化符号并行、交替作用时的分裂状态，接受、享受新的社会认知与规定的新移民，才真正实现了文化意义上的“落地”。

宇秀说，“不少时候我庆幸自己现在是露丝玛丽而不是宇秀，正因为是露丝玛丽才可以承受那些不堪的时候。”在她接受“宇秀是不食人间烟火的女孩，而露丝玛丽是临街的小女孩囡囡的妈妈”时，过去与现在的自己，母国与客居国的社会、文化，经过内、外的划分和重构，加拿大的露丝玛丽得以稳定为显性符号，让作者回归到完整归一的状态之中。

作者开始用自在而从容的心境面对平凡的生活，展现生命中的本色；开始从浅层感觉进入更深层次的思考，体悟新移民空间、文化跨越后的人生转换；开始以“边际人”文化视角，观照母国和客居国两个社会：显性的地理空间迁徙，迁延主体内在的文化迁徙与心理迁徙。用客观的丰厚、广阔，感知、评看世事与人生。

基于跨国境、跨文化的新移民体验，作者细致捕捉了重大人生转换时生命的悸动，文化符号与社会体认的背离、分裂，并体悟、观照母国与现居国社会及文化。其作品一方面是社会、文化价值、意义的形象演绎和佐证；另一方面丰富了人类社会的情感，并助力我们再次体会所谓人、所谓文化、所谓生命与存在。而对于回看改革开放后中国融入世界过程的那一段历史，同样有着让人感慨和五味杂陈的切肤感受。走出国门，走向世界；走向开阔、悠远处，走向创新、融合处。这不仅是一个人，也是一个国家、一个民族可以不断强大、壮大的一种选择吧！改革开放，兼容并蓄，创新发展，方为强国之举、之为、之功！

## （六）陈谦笔下的美国新移民：从平常出走到平常回归

当一个人来到世上，由人群组建的社会就用各种手段和规则，规范着我们的人生。比如爱情，原本不过是人作为高等动物受制于荷尔蒙作用下的一种本能，是超我对本我、自我的约束和战胜，是社会性对动物性的覆盖，是

人类每个个体要在其规定中完成行为、构建形式。

然而，对于俗称爱情动物的女性来说，其人生有时需要用爱搭建构架，用情延续存在，以至于女性的爱情史，成就了人类文明史绚丽的文化景观。美国新移民女作家陈谦创作的小说，正是以爱情的名义突围、找路、寻路和行路的形象演绎。在作品中作家深层次呈现、反思女性爱情的故事，给我们观照国家进步进程中的文化心态演变，提供了别样的启示。

工科专业出身的美国硅谷集成电路芯片工程师陈谦于 2004 年 5 月出版了长篇小说《爱在无爱的硅谷》，2004 年 11 月出版中短篇小说集《覆水》。贯以人物情感遭遇为视角，作者长于用女性的敏锐与犀利，细致入微、鞭辟入里地深入人物内心，准确捕捉、描摹人世间情感的错落与复合。

陈谦的小说常常从主人公平稳而幸福的世俗生活和人生状态开始。

《爱在无爱的硅谷》中的女主人公苏菊是一位在美国硅谷担任编程设计的工程师，人生平淡而殷实，随硅谷经济起伏，她忙碌着也收获着，加上有经商头脑和能力的男友，苏菊的生活在平静中富足而幸福。

《覆水》中的依群是一个曾经患有先天性心脏病的“中国南疆小城里街道铁器厂的绘图员”，因嫁给了大自己 30 岁的美国人老德而彻底改变了人生。她来到美国后因手术成功获得健康，而且“成为世界顶尖级学府加大伯克力的 EE（电子工程）硕士、硅谷一家中型半导体设计公司里的中层主管”。

随着故事的进展，我们看到幸福生活背后的真实面目：苏菊虽然被爱情甚至婚姻所庇护，却是因现实环境与条件做出的无奈选择。依群因为先天性心脏病无法考虑人生的前途，而感激涕零委身于大自己 30 多岁的老德。当人生境遇发生变化，出现更多选择时，爱情和婚姻就开始面临严峻的考验。

与利飞同居时安静而知足的苏菊，追求“有动感、有灵性、有激情”的“艺术”生活，当物质充裕后，她成功地将男朋友利飞塑造成一个真正的商人时，利飞在财富上的追逐和热衷，对于此时美国梦已经实现的苏菊来说，却变得不堪重负。渴望突围的她，选择了放弃利飞和富裕生活，飞蛾扑火般地跟随王夏出走。

因年龄地位等的改变，将原本存在于依群和老德之间关系的缺陷，越来越凸显出来。感恩和忠诚，难以填平越来越大的裂缝。依群只待时机出现，必然出现突围。

至此，我们看到陈谦的作品似乎是当代版的“娜拉出走”。但作品的深刻之处，却是作家进一步发现和揭露：缺少社会支持的爱情，同样不是男人、女人能够终身厮守的基础。

陈谦作品中的女主人公，敢爱、敢恨，甚至不惜走向决绝。如苏菊毅然奔向“迷失者”王夏；始终以遵从、依附社会群体获得安全感的依群，与职业顾问、风度翩翩的艾伦相遇时，不禁心旌神遥。

但女主人公出走或被出走中，依然没能追逐到理想中的爱情。《爱在无爱的硅谷》中的苏菊，其向往心灵的飞翔姿态并不优美。不被物质羁绊的简约生活，顺着自己心灵和性情而活的王夏，不过是20世纪美国社会物质主义盛行中，物质和精神的双重“迷路者”。他在人世间不断逃离自己的生活状态，不仅对物质生活漠视，而且在现实和理想极端背离中感到无奈，进而习惯对自己才能的漠视，对生存和人生价值的茫然。如何承担与苏菊那份地久天长的承诺？王夏与利飞，分别在精神和物质两个矢量上，无法承担苏菊们的“爱情”。

《覆水》中依群虽然为艾伦所欣赏和喜爱，却因为两人都有家庭的牵绊而无法走到一起。在社会多种因素的综合衡量中，依群的“爱情”始终只是微不足道的。

变化的时代、社会环境与要求，使得陈谦小说中所谓的“爱情”变得不纯粹，女主人公们在“爱情”无论如何都会幻灭的情况下，再次回归平常生活。如果说爱情是人生复杂的境遇，人们都是经历后再找到平淡的意义与深情，我们的国家建设、社会发展何尝不是这样一种情景？开放，学习，认识，反省，在不断融入世界的过程中，终有一天会体认到：外界没有那么强大，他国没有那么美好。在螺旋式上升的回归中，原来做好我们自己才是真的！

## （七）汪洋笔下的美国新移民：疼痛是为了破茧成蝶

生命对于每个人来说都是弥足珍贵的，因为经过的路只有一条，走过的人生才是自己的人生。可是，什么样的生命弥足珍贵？什么样的人生才值得人们魂牵梦萦？每个人的答案都不同。旅美新移民女作家汪洋的长篇小说《在疼痛中奔跑》，为我们观照人的成长，以至观照国家、民族的壮大，提供了一个跨文化的个体视角。

### 1. 软弱才寄情而生

在《在疼痛中奔跑》中，作家以平行的形式，分别用“芊芊”“裴裴”“顾美瑜”第一人称“我”，叙述了三个女性的成长故事。以情感磨难为核心，描摹出对“情”的感悟和“情”的重构。

女性心思敏感，以情为重，新时代的女性在实际社会事务中扮演着与男性同等的角色。她们自觉不自觉地把一份绵密的寄托，用在对情感的期待上。于是，女性的命运似乎从开始就决定以悲剧结尾。

女性作家显然对女性执着情感体会更加深刻。《在疼痛中奔跑》漫溢着铺天盖地、汹涌澎湃的情感：三个女性娓娓叙说的细致、委婉之心事，加之女作家的细腻、感性文笔，对过往之情伤怀，为女性因“情”而伤的人生所唏嘘！美丽的山城姑娘芊芊单调而幸福的人生，因17岁时父亲变成植物人之后而终结；在没有父母的日子里，从小寄人篱下的袅袅“习惯了奶奶的敏感易怒，习惯了以自闭来对抗这个世界的冷漠”；身患糖尿病的顾美瑜过早进入与病魔抗争的人生。不幸、无情的经历，让她们更加渴望情的支持和依托。在“情”的不可把握中，演绎女性的绝望与悲伤。

**2. 期望才痛彻心扉**

作者认为，当“情”成为女性唯一的寄托和追求，并需要男性“恩赐”才能成全的时候，伤心绝望定会到来。正如作品所言：“孩子从大人的眼睛里看自己”，“女人从男人的态度上看自己，只有男人的欣赏、倾慕和逢迎，才能让女人建立自信。”其结果就成为“爱有多销魂，就有多伤人”。

小说设置了在三个女性“情”感故事中周旋，以致最后背叛的男性形象：空有伟岸、英俊的外表，内心却羸弱、狭隘的桑；用情不专、专做女性杀手的凌逆；道貌岸然、人格委琐的许雷。作者将小说中三个女主人公“情”感寄托的对象，无一例外地描写为自私，尤其在利害面前不堪一击甚至面目狰狞。显然，这样的男性承担女性倾其所有、一无保留的情感，以致全部生命的寄托，悲剧结局无法避免。

人生都是经历后才明白，磨砺后才成长。在作者个人的认识里，显然“情”劫是女性成长必须过的坎！作品中三个女性心甘情愿、全情投入，把自己放在“情”的炽火上炙烤，非粉身碎骨，非千疮百孔，誓不罢休！像是看从悬崖跌落时的慢镜头回放，作者以出色的文字驾驭能力，把因“情”而爱、因爱而痛的感觉，丝丝入扣地穿透了我们：疼痛如此强烈，“疾走”都无以淡化和减弱，受伤的女性只好“逃跑”。

通过作品我们感知到：女性们，用独特的心思，感知人世间的片刻冷暖与春秋；用独特的人生，演绎内容不一、形式不一、风格不一的爱情故事。或轰轰烈烈、九曲回肠，或波澜壮阔、意味悠长。

### 3. 自立才痛定思痛

如果仅在以上两个层面上去构思故事，《在疼痛中奔跑》就只是女作家带有自恋、自传意味的人生回顾。作为旅美新移民，女作家有跨地理空间、跨人生境遇，跨社会、跨文化的宝贵经历。而她也没有浪费跨界人生与文化带给她的支持。

既对“情”和痛苦有一种认真，又没有被“情”和痛苦裹挟，作品更体现出一种难得的理性，并借此被作家用以反思人生，从中获取成长和精进。

在《在疼痛中奔跑》中，女作家说“人必自辱而后人辱之”；而“日日泡在蜜罐里的人，通常会忽略了甜的滋味”。这些像是历尽“情”劫后的作家的痛定思痛。作品确实让我们看到了一个曾经青涩的女子从内到外努力的提升与成长。回顾痛苦，看不到抱怨，而是从容、客观地去看过去的自己、过去的遭遇。小说最后让三位女主人公无一例外地成功、强大。作者实际要表达的显然是，女性的幸福源自个体的自立、自强。

作品体现出的一种从容、理性和深刻，这源于作者跨国的经历，释然处的回望，原来过去的所有疼痛，都不过是为了这一日的破茧成蝶！读这部作品时也让我们获得了一点启示：如我们今天回望中国近代史，勇敢地去看那一条条屈辱、不堪的不平等条约！我们的回望，是为了更好、更坚定地前行！而能够回望，何尝不是一种强大呢?！放弃软弱，放弃幻想！走出去，去汲取，去转化，去强大，去凝视！然后，让所有的经过，都成为我们自立、自强的充分理由和坚强奠基！

## （八）严歌苓笔下的美国新移民：水融化石、柔以克刚

在诸多北美新移民作家的早期作品中，都有从求生存到求发展的艰辛历程的描写。比如，小楂的《到美国去 到美国去》，少君的《大厨》等等。新移民在新大陆的下层社会中，首先为生存、为活着辛苦奔波。其后，在艰难的学习及打工生涯中，开始学习、揣摩新的社会规则，尝试融入新的社会，寻找在新土地上落地、生根的机会。再经过若干年的人脉和资金积累，慢慢开始新的人生尝试。

其间，借助跨国、跨文化过程中生命境遇的改变，新移民作家也建立起敏锐而广阔的文化视角，延伸出独特的文化认识，建立社会“边际人”独到的人生体验和文化价值。

20 世纪 90 年代末，在北美新移民作家中，严歌苓是一位有自己成熟的写

作个性，文学创作水平较高，较有影响力的代表性作家。严歌苓创作了一系列发人深省的小说作品，广泛、深入地涉猎了现实与传统、文化与人类、社会与人生、历史与现实、生命与灵魂等主题。严歌苓作品中所表现的对强、弱势对比的分外敏感，所描写的弱者在强者世界中的为求全而委屈的生存策略，让历史不仅历历在目，而且带有体温且犀利、尖锐，让人难以忘怀，给人深刻警醒。

**1. 被强者规定的弱势境遇**

在这个地球上，经济、历史、文化、意识形态，肤色、年龄、性别等，从大到小，由深入浅，凡有差异，都有强势的一方和弱势的一方。

将弱小者放在强悍的对手面前，或是置于艰难环境里讲述弱者的人生故事，是严歌苓在国内创作已露端倪的特点。远赴美国留学后，置身异国他乡，越发对强势文化、强弱对比、弱者站位等，有更加深切的感同身受。

严歌苓的新移民小说，习惯性地构设一个强弱势反差巨大的环境、背景，而在强权的世界里，弱者始终居于被伤害的位置。

《海那边》表现人类社会中，在正常人对智障者构成的强弱势关系里，由正常人所规定、强化的依附关系；《少女小渔》《扶桑》等，面对的是西方文化对中国文化、白种人对有色人种、男人对女人的强权、观念、偏见等，让强势一方始终拥有特权；《也是亚当，也是夏娃》则描写处于弱势地位的大陆“学留人”，在富有对贫穷、男性对女性，以及科技对人的生物自然落差里，接受一场非婚姻、非家庭、非自然孕育后代的交易；《第九个寡妇》则在女性与男性、个人与社会、人性与道德、愚昧与文明等不平等二元相对里，描写出弱者一方的文化窘境。

严歌苓敏感于人类社会存在的各种位势落差，她在作品中所描写的从大到小、由深入浅的各种强与弱的关系，构成故事情节的主要元素。

**2. 被强势损害的弱者命运**

在强与弱的结构中，严歌苓的新移民小说，塑造了一个弱势群体的形象，并且表达了在强权世界里，弱者的利益永远被损害。而这种损害，并非只有经济上受压迫、受剥削，主要还在于作为弱者，难以得到公正、平等尊重与对待。

《少女小渔》是严歌苓出版的第一部小说集《海那边》中的一部作品。主人公小渔是严歌苓笔下弱者系列形象的代表。小渔简单、纯良、逆来顺受。常人眼里的“蠢”和“傻”的形象，她可以任未婚夫自私、无理支配，可以为了未婚夫的绿卡梦，去和一个贫穷的意大利老头“结婚”，可以承受未婚夫反过来变本加厉的怀疑与欺压。

长篇小说《扶桑》的主人公扶桑，是19世纪末生活在美国最底层的华人妇女。为了找到在“金山”淘金的丈夫，九死一生，被人贩子卖到了美国旧金山华埠的妓院里。在任何人都可以践踏的卑微、低贱人生里，扶桑就是另一个“小渔”，无论是身体的出卖、种族的歧视，无论是文化的差异和命运的不公，还是老鸨和人贩子欺骗，还是唐山丈夫“不好男人”大勇无意相认，还是“小白鬼子”克里斯“爱”得畸形，她都永远平静、微笑，安之若素地容下所有不公和迫害。《也是亚当，也是夏娃》中贫穷的“我”——伊娃，一个“现实、自律、忍耐”的东方女人，同样也不得不听从“富有、高大、英俊”的美国同性恋园林设计家亚当的选择和安排，为这个美国白人男子充当“生育袋”。

在强弱对比强烈的关系中，严歌苓的作品曲尽其致地描写和塑造了这样一群体现有东方文化母性、阴柔特质的“小渔”们，在面对各式各样的强者时，她们没有选择，也无以选择。在通过系列作品表现“小渔”们被强势宰割、侵害的命运时，作者一方面表现出对强势始终损害弱者的命运的关注、关切，同时借“天然呆”的“小渔”们的形象塑造，表达一种认知：在强者世界巨大的势位反差中，弱者唯有隐忍、承受，才能存活于世、相安无事。

**3. 被东方文化重置的强弱关系**

强弱遭遇、错位境遇导致对立、对峙无所不在。对于不得不处在被规定、被损害位置的弱势一方来说，严歌苓的小说并不以弱者一味退让、委曲求全作结。

作品中，我们读到的是：谁都可以肆意欺负的小渔，没有怨言地扛起了未婚夫江伟无理的“委屈”；即使假结婚，她还是去清扫临时落脚的房屋；在街上偶遇，她会给“丈夫”意大利老头以人的尊重、关切，帮助拣回被风吹散的琴盒中的钞票。扶桑也是如此：即使身心被肆意摧残、践踏，即使面对的都是欺骗、不公和迫害，即使身体的出卖、种族的歧视、文化的差异和命运的多舛，她却永远超越于苦难之上，源源不断地给貌似强大的他人、社会及世界，奉上简单、纯粹的宽容和接受。

我们读到的是：谁都认为又“蠢”又“傻”，不自觉地要践踏的小渔，让未婚夫江伟视她如珍宝；让肮脏、吝啬的意大利老头，在衰老的堕落暮年，振作起精神，去街头拉琴卖艺，再次清洁、自尊起来。就是那个低微、卑贱到谁都会鄙视、欺辱的扶桑，成为19世纪末唐人街唯一活过了20岁的著名华裔妇女，还得到了一个最强悍的中国男人庇护，得到一个白人少年发自内心的爱情。

在小渔纯净的注视下，中风后半身瘫痪的意大利老人从畜生变回了人，他给小渔送上了自己挣钱买的一张火车月票，重拾做“人”的尊严。扶桑女性原始而简单的生命状态，不仅让她从一次次受难中重新振作起来，而且让大勇和克里斯越来越认识到扶桑的力量。她在克里斯的眼里是高大的：着一身红，跪着为其梳理辫子的扶桑形象；在大勇的眼里是高大的：从娶自己的克里斯手中，剪开象征不平等爱情的发丝，手捧大勇骨灰送回唐山的扶桑形象。

就这样，小渔们用无边无际的宽容与接纳，水一般的顺从与柔情，融化了世界上的坚冰，让世间所有强之强，因之贫瘠、微弱、融化到无形！

退让和宽容，不过是弱者对强者的怜悯；坚韧与承受，不过是弱者内蓄丰厚的生命表达。超然于一切形而下的强弱对峙，东方文化滋润的生命理念，以大悲大悯、大慈大爱力透纸背。严歌苓和她的小渔们成为真正的“强者”，在淡泊、坚定、自持中无比自由、高大。

“小渔”，原是猎鱼者；扶桑，意味着东方；葡萄，多产而丰饶。作品中这些极富东方意味的名字，怎么可能没有深意?！强权、强势、强者是构设人间悲剧的根源。究其原因，却是外强中干、色厉内荏的人为姿态。此时严歌苓在《也是亚当，也是夏娃》中构设的一个意味深长的情节值得关注：所有强势因素结合“生产”出来的孩子菲比，发烧之后变成免疫力低下的聋哑儿，最后终究夭亡。在菲比的墓园，亚当和夏娃消除了彼此之间的隔阂。

严歌苓用她的新移民小说，让我们对中国改革开放后融入世界的新进程，又多了一个形象阐释和回看角度。回归自然的本质，回归生命的原初状态，东方文化及其价值观，是解决世间争端、困苦的一剂良方。对于当下百年未遇大变局中的世界局势，也是一种策略、方案的参考视角：人，生来平等；民族，生来平等。放弃成见和对强权的偏执，东方文化，不仅上善若水，而且有容乃大，盛得下沟壑千重、碧波万顷！

# 第三部分　思考篇

# 一、“企业、管理、创新”漫谈

## （一）所谓创新

不知什么时候起，创新几乎成为主宰我们这个时代的一个热词，从制度要创新，到文化要创新；从思维要创新，到企业管理要创新。这是一种潮流！创新的潮流之所以形成，与人类社会发展到现在，应该不无关系：第一，可再生资源的匮乏，使资源更好、重复地利用成为一种经常的思考习惯；第二，信息时代的到来，其作为主要资源的信息特性——可压缩、可再生、可转换、可共享等，使资源挖掘、整合，在思维上成为一种可能，在实践中成为一种常态。

为了更好地让我们懂得创新、学会创新，有理论家对创新的定义与分析，也有实践者的创新经验分享与案例说明。

这当然是好事！它说明我们所处时代的理论、文化作为与面貌：人类社会的知识递进与文明更迭，在前人知识、经验的传承以外，有共时实践的总结与分享。而这种共时实践经验成为社会共享知识的速度越快，说明我们所处时代理论建设的速度越快；人类共同经验的添加越多，文化流通的信息也越丰富、越频繁。

对于社会中每个成员的存在来讲，用别人的经验来指导（或观察、或对照）自己的人生，是非常必要的。不是这样吗？在一无所知时，先从模仿开始，然后到亲身实践，最后在实践的经验中成长、成熟。对于创新，我们同样可以用这样的递进方式，去建立特定时代的经验和知识体系。

企业创新管理，是一门实践科学，我们需要参照前辈和同代人已经进行的实践，找到自己的成长、壮大之路！

## （二）苹果的启示：因非同凡“想”而不同凡响

在21世纪的人类社会，苹果以一场影响全球的科技时尚之风，优美而炫目地亮相并初露端倪。

苹果的不断出新，让硬邦邦的科技，以人们眼见的新兴科技，重塑人类生活，再造社会文明风尚。在曾经的苹果粉为新产品的尖叫声中，我们感受到技术的创新，让冰冷的、固体的科技元素，呈现水波般荡漾，直至人心灵的柔软处，焊接出产品的人性魂魄！

有关苹果的话题，既是曾经的大众话题，也是社会所关注，通过创新和跨越，苹果产品遍布计算机、手机、电视、电影、网络等领域，带领一个科技时尚统领的时代，缔造硬件与软件共生的人类存在新空间。

乔布斯成就苹果有几条秘诀与人们共享：①做自己喜欢的事；②挖掘自身以至员工疯狂的本能；③经营管理企业时，要兜售梦想而不仅是产品；④为产品用户提供神奇的体验；⑤适时地对自己认为不对的事情说不，舍弃与核心目标不相称的元素；⑥公司运营中要懂得如何控制消息；⑦最大可能地激发企业与产品的热情。

不被常规拘囿，扛起创新的大旗，乔布斯将其个人特质嵌入到苹果公司与产品中，先创想、再创事，先创人、再创公司与产品，从而在非同凡“想”中成就企业家与企业的不同凡响。

我们看到苹果的过去，不过是人类文明新进步的前端；乔布斯将艺术思维融入技术实现的路径，是人工智能最新技术应用于人类社会后的常态思维与常规方式！

人类，来到了艺术与科技无缝隙、一体化表达的时代！

### （三）创新者生存

企业的创新，最需要顶层管理者，特别是执行总经理具备创新的思维、能力、勇气、意志与毅力，因为创新意味着对旧有格局、面貌、程序等的突破。《创新者的窘境》提出的“破坏性理论”说：“面对新技术和新市场，往往导致失败的恰好是完美无瑕的管理”，重要、突破性的创新，常常类似破坏性的技术。

所以，创新者在某种程度上亦可称作“破坏者”——既有常规、模式和方法，对于他们是掣肘、是牵制、是羁绊，他们的使命与实践，就是要打破这些既成的、几近完美的状态，在大多数企业的管理者还醉心于自己精于管理、具备良好的商业手段和经验时，创新管理者却已经迎难而上、险中求胜，以解构者的姿态，争取赢得企业发展的先机。

首先，创新者要忍得离经叛道所带来的被怀疑、被打断、被否定，因为，作为未来的成功者，你的机会，恰恰因为大流还在身后。

其次，创新者要忍得自己的失误所带来的各种问题。因为，作为对固有成熟模式的突破者，你的行为之所以叫创新，是走在探索前行的路上。

最后，创新者要忍得自己没有资源、没有条件的支持。作为“吃螃蟹的第一人”，你的行动，本就是要与众不同、敢为先锋。

当下的人类社会文化，来到了一个以创新取胜的时代。在激烈的市场竞争环境中，不创新意味着被取代、被边缘的命运！

创新者的窘境其实蕴蓄的是创新人和创新企业的机遇。在经历和将会经历的变化中，创新者必须学会在承担中迎接转机。

### （四）借一双商业的慧眼吧

全球化时代的商业舞台，面对复杂的政治、经济、文化和商业环境，智者自智，惟沧海横流方显商业大鳄们的“英雄本色”！比如，比尔·盖茨和微软，乔布斯和苹果，彭明盛和IBM。

在任何一个时代里，总有一些企业管理者站出来，用他们超人的智慧、能力与才干，在大多数人为艰难险阻望而却步时，恰若闲庭信步，四两拨千斤地解了纠结别人的心结。随后而来的，当然就是全世界的人们为非凡企业家们的创造赞美不已且顶礼膜拜！

研究成功的商业大鳄的成长、成功与成就的人，可谓多；研究其人生、事业的人，可谓多！这是人类社会常出现的一种有趣的现象，因缺少相应的智慧、勇气突破障碍的时候，大部分人终将成为成功者的“跟班”：把成功者的经历当成经验。

少部分成功者，引领了社会的创新和发展，为大部分人树立了标杆，让每个时代都有进步、前行的方向；少部分成功者敢于突破、创新，大部分人再追随其后！

时代在变，总有少数人充任领路者：他们用探险、担当，为我们蹚出了新路！从那些已经享誉全球顶尖公司管理者的运筹帷幄、风云叱咤中，借一双商业的慧眼吧！通过学习、借鉴，我们懂得什么是创新进取、与时俱进，什么是毅力和果敢，什么是优秀和卓越！

### （五）用智慧点亮前行的路途

与过去相比，现在一个企业的管理者需要具备更强的能力和更好的素质，比如，遴选信息的能力与素质，应变、应急的能力与素质，创新、决断的能力与素质等，因为，经济形势在变化、行业变化加剧、区域发展不平衡、市场在变化、客户在变化……加上数字技术、互联网技术的发展，经济环境已经变得如此复杂，令企业管理者难以应付。

在行业发展环境已然复杂的同时，放在企业管理者面前的，还有事业发展的全球化平台，行业与行业间界限的模糊与融合，经营管理手段和方式的变化，技术改变了行业操作、运作的基础、水平、程度与速度等。这都让当下的企业管理者不能仅仅靠苦干、实干，就能带领自己的团队无往不胜、赢得市场。如以一句话概括，也就是说相比于前辈，现在的管理者应该在领会力、学习力、把握力和执行力等方面，具备更高超的智慧。

正如《智慧点亮行业——行业跃进的新思维》中所说："真正基业长青的企业，一定是那些着眼于产业及行业的长远目标，积极创新、勇于变革、加速转型、重视绩效，构建适当的业务模式和运营模式的企业"，优秀的企业家，需要置身于复杂的环境，目光放远，心胸放宽，让自己整合资源的能力持续提高，从而能有足够的聪明及智慧，去分辨与自己企业发展息息相关的情势和未来发展趋势。

作为时代进步与发展的重要推进力量，企业家们需要独具慧眼，不被乱象所扰，高屋建瓴地站立潮头，带领企业前行。

### （六）真诚，是一种强悍的能力

作为一名企业管理者，首要的问题是：做什么样的领导？是与员工打成一片，还是独断专行保证指令的绝对畅通？是要温文尔雅地面对企业运营过程中的大起大落，还是要从容有度地不惧市场竞争的激烈、残酷？

"我们需要这样的领导者：他真诚，高度诚恳，致力于建设持久的组织。我们需要这样的领导者：他深具使命感，且忠实于自己的核心价值观。我们需要这样的领导者：他力争让企业满足所有利益相关者的需求，且认识到服务于社会的重要性。"比尔·乔治的《真诚领导力》一书的开始，用了三个排比句，强调了对企业领导者的期望和认识。

在信息化、全球化的今天，世界经济形势处于风云激荡、变幻无穷的年代。这多少让曾经自信满满的企业领导人，失去了运筹帷幄的水准。要成为新时代的企业领导者，如何培育历史大变局时代的企业家素质？如何在不明朗的经济前景中，把握好企业发展的龙头？这是一个企业经营和发展的话题。

现在读来，早年出版的《真诚领导力》要“向未来的领导者指明了需要具备的能力和将会应对的挑战”，依然还有启示作用。此书通过对真诚领导者几个维度的定义、阐释，通过对领导者如何进行企业的探索，通过在治理和管理不同之处的审视，表述的核心观点是要将发现和培养企业家的“真我”、找到真正的自己、表现真诚的自己，作为企业领导者信心建设和强大的关键与核心。

书中序言说：“永恒的领导力总与人性相关，总与真诚相连。”在动荡的经济变局中，尤其需要一些最基础、最核心的东西，让企业领导者一经掌握，就不再因“变”而失色、而无着！

有“变”的永恒，也有不变的选择和坚守！“以不变应万变”从来都是人类保持稳定和把控力的基本方式。而在新技术加快了人类社会发展的时候，相比于世间之事，我们忽然发现：世间人反而成为其间相对稳定的定盘石！

因此，“以人为本”既是人类社会的基本和根本，又成为新时代保持定力的关键：人之需要真情，亘古未变。

来自美国有 40 年企业领导经验的比尔·乔治坦率、真诚地告诉我们：要在真诚中怀有志气和抱负，要在真诚中渐进杰出、卓越。

回归本心，真实如此可贵！将心比心、以心换心，真诚，成为在多变的时代中管理企业的强悍力量，因简单、持守而获得信任、依赖。

## （七）向顶尖企业家学习创新

当前，人类社会发生了很多新的变化。比如社会行为，需要置于网络跨国界交流、互动基础平台建立；比如为了存续，人类必须共同面对资源匮乏、环境恶化的问题；比如企业经营与管理，需要基于技术新条件、行业新趋势、市场需求新变化，不断创新，才能持续存在和发展下去。

创新并不是一个新话题。创新，是对世间已有元素、方式、途径的新整合、新运用、新开发。具体到企业经营管理来说，就是根据新的条件、环境与需要，将资源、方法、产品，重新整合、运用、开发，置于企业的文化理念中，置于生产、运营、管理各个环节的实践中，置于产品、服务的内涵、外延新构和重置中。

创新容易，因为结构创新的所有要素就在我们的周围；创新很难，因为要从旧有面貌、模式、规则、状态中走出前人没有走出的道路。

创新者不是天生的。创新者的创新，只是在具体运营管理实践中，见招拆招、遇水搭桥建构、形成的；企业家之所以称为杰出、卓越，只因为他们以富有创见的战略，用创新的方法和手段，不走寻常路，敢于摸索、敢于担当，引领自己庞大的企业战舰，涉险滩、闯难关，创造奇迹。比如在业务定位上，彭安东在柯达公司前途未卜的情况下，敢于铤而走险，重塑喷墨打印机业务；比如在组织工作上，乔迪·汤普森和卡利·莱斯勒能改变员工的工作时间与场所；比如在企业文化定位上，史蒂夫·斯图特竟用流行文化的内涵，重新定义通用汽车。

企业家创新，既需要灵光一现的机缘巧合，也需要企业管理者在激烈竞争的市场中，具有渴望创新、勇于创新的思维和站位。

我们要向世界顶尖企业家学习创新。通过学习，培养创新思维和习惯；通过学习，培育创新意识、理念、方式与意志；通过学习，去最大程度地激发内在的创新潜质。

要“有”，得首先有“要”的想法；要实现“要”，得要有“有”的坚守！勇于走出惯性、突破常规，对创新以始终如一的坚持、渴望、执守，才可能实现“众里寻他千百度，蓦然回首，那人却在灯火阑珊处”的与众不同！

### （八）像稻盛和夫那样经营事业与人生

大凡成就一番事业的杰出者，开始是实践，然后是总结，再到提升，直至人生也随之升华。这是事和人的一般关系。二者应相互成全，不能以分割甚至背离的状态存在。而成就事业，需要做事的人，舍得投入时间、精力；特别要舍得投入热情，以至全部的身心。

由此，我们试着去理解稻盛和夫被全世界企业管理者尊崇的原因。第一，因他成就卓著，在他的带领下，两家企业进入世界500强行列，成就超凡让人敬佩。第二，他用心经营企业，并形成、提炼自己独到的，具有普适指导性的企业经营管理心得。第三，由具体实践认识和理念，进而悟得经营管理哲学，以至形成人生理念和觉悟。此三步体现出的，正是稻盛和夫与企业经营管理这件事的相互成就。作为日本“经营之圣”“人生之师”，稻盛和夫不仅以经营管理理念，还有人生哲学，传播、影响到了全世界。

不是每个企业经营者都能让自己那么深地融入企业经营管理过程中，并取得成功；不是每个管理者都能超越具体实践，在为社会创造价值的同时，总结一整套的认识、理念；不是每个人都能从行动到理论，从具体到抽象，从现实到哲学。从企业经营管理实践，到企业经营管理哲学，再到人生哲学，稻盛和夫用他的人生，全身心地从事企业经营管理事业；并将心得、认识融入人生，加以体验、升华。因此，才有了众人争相传颂、皆有所得的管理“圣经”，不仅是行业宝典，也是人生宝典。

而读此书的我们，懂得对自己的事业要舍得投入、融入，所谓忘我，是一切归于化繁为简，勇于向事业交付身心。做一个投身事业的真人，它是助力事业和人生成功的第一步。

### （九）雀巢是这样成功的

对于企业管理者来说，他们的成功当然不是看了其他企业的成功案例，不是对其他企业成功、失败是否能给予中肯犀利的评价，不是论道时的夸夸其谈，而在于能否带领自己的企业走得又稳又好。

已经有一百多年历史的瑞士雀巢公司，至今仍然有口皆碑，是为大众熟悉并叫得出的品牌。作为企业打造长青基业的典范之一，雀巢虽然不能说是神话，但却为企业家津津乐道。

任何一个成功企业都有自己可圈可点、别人无法取代的优势。雀巢品牌组合创意的成功，是企业界的一个典范。但仅在品牌创意上一枝独秀，依然不可能让这家企业在声名鹊起之后，一百多年还能在市场上久盛不衰。这其中，在于雀巢公司经营管理方面有“独门绝技”。

作为一家拥有国际品牌的典范企业，雀巢公司在全世界有200多家子公司、500多座工厂，生产300多种产品（不仅是咖啡）。公司在企业战略、人事政策、公司治理、市场营销等环节，都有自己独到的原则与经验。

这些原则与经验，由雀巢掌门人赫尔穆特·毛赫尔在其《管理圣经》一书中详细地罗列了出来。产品方面，公司采取了根据各地人们的口味和偏好而生产产品的策略；企业结构和组织方面，遵循“权限彻底分散”的原则；为了保证品牌在市场上的领导地位，公司选择去做“低成本的制造商”；21世纪后主动采用模块组合营销策略，形成网络型组织结构。“企业管理的核心原则是注重实用、讲究策略而不是理论”，雀巢以灵活的应对反应能力与强悍的抗风险能力，站住了、留下了、成功了，并成为一家百年长青企业。

我们更加关注的是，在创建、经营一百多年的过程中，无论世界如何变化，雀巢公司能以“实用”为基本原则，灵活采用合并收购和品牌延伸的战略。首先知道自己是谁、有什么、要什么；其次坚持做自己、做优势；再次让自己有效适应、包装、延伸到不同的市场，满足不同顾客的需要；最后保持有品质基础上的不断创新。

在品牌创意成功的基础上，雀巢做品牌，更做品质；有策略，还有战略；坚持不变，更坚持识变、应变和主动求变。这些，让我们领悟到：在具体“技”后面有“术”；“术”的后面，还因为有一百余年前后相继的企业当家人，始终坚守和延续公司创建时的初心之“道”，让雀巢成为市场的领导者。“技”在前，“术”在后，大“道”执守，方有雀巢百年的长长久久。

这些原则和经验，为当下企业管理者如何做企业，如何做未来长久发展的企业，提供了可供借鉴的一种摹本。

### （十）管理的根本从育人开始

如何让企业兴旺、发展长青？是每个有头脑、有见识的企业家在其管理过程中始终要思考的一个问题。都知道人是根本，所以让企业的每个员工发挥他们的能力与潜力，让文化建设有利于员工留在企业中，等等，管理者们在为之做出努力，而企业发展的核心点到底是什么？

被称为东方德鲁克的日本管理学大师畠山方雄所著的《培养部下100条铁则》一书，告诉我们企业管理的根本是“育人”。而“育人，从拥有第一名部下开始”，首先要有“育人之心”，另外就培育新员工、骨干员工、负责人、管理者进行分类说明，针对常出现的问题，详细分析并提出建议。

关于如何培育部下，管理学大师说，企业管理者首先要拥有“育人之心”，要以对部下人生负责的态度，“不要毁掉他”，不要为了自己而为企业去培养部下；要以利他为站位，“自己来承担麻烦的事情”，着力让员工潜能得到充分发挥；在工作中要以宽容的心态，有的放矢地去培育员工……

具体到工作中，畠山方雄问了我们这些问题：你以身作则，“做部下做不了的工作”，“给部下的发展留下空间”了吗？你懂得对新员工示范如何做出快速反应了吗？另外，对骨干员工要培育其简明扼要地汇报工作，而“杜绝说出我该怎么办”；对部门负责人要考核其信任度和指导热情，提高其企划能力、管理能力；对管理者则关注他是否公私分明，重点指导其开展业务改革，在团队中鼓励“能者多劳”；而对脑力劳动者、问题员工、中途入职者、年长部下，需要加以针对性地恰当培养，等等。

《培养部下的100条铁则》以拉清单的方式，旨在“手把手”地指导管理者，科学、专业地培养出好部下。

在我们看来，在给予管理者直接的培养思路和方法的指导以外，本书更重要的是让管理者贴近管理工作的核心职能，将对部下培育的责任，提高到企业管理最重要的位置：以恰当的关注、有意的培养，让员工都能有其位、有成长，有作为、有未来！

企业管理的关键在人和管理人。企业管理者，需要本着“育人”之心，遵循“育人”之径，行好“育人”之实，培育既在其位能谋其政的部下。把握、培养好了人，企业才能经营好，管理好，这就是“铁则”！

## （十一）领导力这样养成——与鲨共舞

作为动物之一种，人类会有生存在世的种种感受：比如追求安逸，在安逸的环境下放松自己；再比如放松的情形下会钝化了一些感觉，钝化后久而久之就会丧失某种能力。

《鲨权力》就是为提醒和培育企业领导人的商业直觉而准备的一本书。作为瑞士经济领域和政界领导者的私人顾问，作者索尼娅·A. 布欧兹以“直觉修炼”为关键，不仅指出优秀的商业直觉是一个卓越领导的基本素质之一，而且将理论、实践和生命体验紧密地联系在一起，描述了管理者在面对企业、市场的时候，做到如同鲨鱼一样潜水：游走在生死边缘，生命所经历的极端体验，便成为纯粹的胆量考验。“鲨鱼迫使我们面对无助、恐惧、孤独，但同时为我们建立起了一个更好的直面内心直觉的环境……”

从鲨鱼这个独特的视角给管理者以启迪，将在鲨鱼帝国中的生存体验和企业日常管理问题结合在一起，《鲨权力》把读者带入一段史无前例、引人入胜的旅程。如何挑战恐惧的极限，并在与鲨鱼相处的过程中培育出直觉领导力，是作者提出的命题。

毫无疑问，领导者体验与鲨共舞的过程，也是在体验管理的真谛。鲨鱼已存活在世四亿两千多万年，在强手如林的海洋世界中它能立于不败之地，没有极强的生存适应能力是不可能实现的。既设身处地与鲨共舞，就如鲨鱼在波诡莫测的大海中无助游弋前行，“沉默的注视、快速的沉默理解——一个直觉的互相影响起了作用”，在无休止的孤独面对黑暗、面对恐惧中，鲨鱼统治海洋的直觉领导力养成了，而直觉领导力同样也适应于我们，要带领企业生存，发展在复杂、多变的市场、商业环境中，领导者需要有鲨鱼一样“锐”的能力：迅捷地捕捉并把握商机！

作者在书中还提出了几十条的鲨鱼哲学，对于在年复一年的企业运作中已经丢失了锐气的我们，不仅是有趣、有力的，而且大有裨益！

## （十二）愿以己心付明月

企业是由人组成的。因此，作为企业的管理者，必须首先要熟谙人心，才能在共同的工作环境中，处理好与被管理者——员工的关系。虽然，管理者和员工都不过是在一个共同组织环境下，有工作内容与责任等差别，是一种组织性的人为的职位划分。管理者与员工本应该围绕企业的共同工作目标，建立和建设好协同、合作的关系。但是，在具体企业管理实践中，因为职位、站位、任务、职责的不同，人与人之间关系形成存在各种复杂因素的作用，管理者与员工之间产生矛盾的情况不在少数。

其间的原因有很多。一般来说，管理者与员工因所处不同位置，会自然选择对应立场与站位。所谓“人在江湖，身不由己”，讲的就是人被位置或环境决定的必然性；另外，管理者、员工主观上存在的不愿换位思考，不愿暂时放弃自己的意见，因此使双方的矛盾加深。当企业管理者与员工站在自己立场上执拗、固执，双方矛盾的不可调和就更难避免了。

所以，我们常常提出要多一些换位思考，多站在对方的角度分析、判断问题，这样才可以建立管理者与员工之间的和谐关系。但是，只是站在管理者或员工的视角去看企业管理出现的问题，一定会有所偏颇。管理者和被管理者都是企业的员工；管理者和被管理者的关系，只是因为同在一个企业才建立。企业在，才有企业管理者与员工；企业好，企业管理者和员工才需要建立、调整彼此的关系。如果让企业管理者和员工分职位地换位思考，都站在企业发展角度去讨论彼此关系的问题，才能更加公允和客观。

《将心比薪》就是一本关于企业员工如何站在企业立场上定位、发挥自己价值的一本书。本书指出，只要你拥有 7 心——责任心、主人心、学习心、成果心、忠诚心、感恩心、合作心，员工与企业形成最和谐的支持关系并不难。由此，企业管理者和员工之间，才可以形成一种新的关系：因平等相处，我们才能更好地换位思考；因基于企业的同样发展目标，作为员工都将获得最大的心灵依托；因为认同共同的企业所在，才能形成企业、管理者、企业员工三方各取所需、各得其所的协同共构关系。

此书还对每一位员工更好和更长远的自我定位、职业规划、未来发展，提供了路径支持。作为企业员工，如果对工作的诉求只是按劳取薪，那么，成长速度是慢的，未来发展是有局限的。企业不单单是生活来源的取薪地，也是员工个人成长、事业发展的组织支持。

如果能以责任心，对所做的工作以及所在组织，付出自己的全部心血；以主人心，站位企业更快、更好地发展；以学习心，不断掌握新知识，获得新积累，实现新推进；以成果心，追求成就与卓越；以忠诚心，付出所有的真情与真诚；以感恩心，感激企业和他人所给予的点滴支援与帮助；以合作心，在企业中，与所有人相处融洽、快乐工作，将心比薪，将“七心”的获得，同样当作珍贵的获取，并以这样的心态、状态去工作，一个员工和企业一起，才能有长远的发展和壮大！

认真，决定了根深；学习，决定了长远；忠诚，决定了接受与评价；协同，决定了支持与回馈。不管是在企业，还是其他组织，其间的管理者或员工亦应如此。

## （十三）从《视频营销》想到与技术同频

人类社会已经进入到“技术垄断时代”。层出不穷的新技术充斥着人类生活的方方面面。互联网更被运用到社会的各个领域中，让现实与虚拟社会相互交替，构建出人类新的生存、发展空间。

此时，人类的社会行为，正在得到不断地延伸、扩展，形成许多新的生活、工作模式。当互联网视频形式与商业营销相结合，一种新的营销方式——视频营销便应运而生了。

《视频营销》由美国默克和强生公司曾经的营销总监凯文·纳尔蒂撰写。作者基于自己的工作积累、实践经验，用浅显易懂的语言，生动鲜活的案例，讲述了在线视频对于商业营销的存在价值，在线视频的发展历史、特性意义、运行要点、认识误区与操作知识等。没有偏重于介绍技术、制作操作的专业书籍那样的简单枯燥，此书对视频如何在营销中运用，如何应用视频更好地达成企业、产品营销目的与效果，为我们进行了深入浅出的阐释。

2020 年的疫情，早已加速了短视频在中国社会的快速普及和应用。长于短视频业务的抖音、快手已借助短视频繁荣的趋势和潮流，快速成长、强大为行业翘楚。随着 5G 时代的到来，短视频会成为社会普及性应用的主要信息传播方式。由此，企业产品与服务营销，也必然避不开运用直观、生动的短视频工具和手段，以实现企业形象和产品更好的营销效果。

对比传统的营销手段和方法来说，视频营销具有注意力集中、性价比高、分享性好、传播精准、制作即时、信息整合性好的特点。企业如果能够更好地利用视频营销推进相关工作，那么一定程度上就多掌握了一种先进、有效的市场竞争手段。

此书有诸多内容已经成为今天的常态。技术融入社会的速度在加快，程度在加深。人类需要学会与新技术共舞，将自己浸入与技术进步和运作环境相匹配的一体状态，更好地协同、共处，甚至抢先一步学习、把握，才能争取科技昌明时代赋予的优势支持。

技术更多的意义在于应用，在于应用中促进社会更好更快地发展。虽然不能也很难完全随技术同步前行、同频共振，也很难了解、掌握每一种新兴技术的全部功能，但是，当视频营销已经成为企业必须掌握和运作的一种模式，那么，只有主动学习、掌握，才可能避免被技术垄断压榨到无所适从、手足无措。

在人机共存时代已经到来的时候，不被技术边缘化，就要悦纳与机器共舞的现实。为此，首先要接受新技术；然后通过不断学习，更好地把握、操纵新技术；最后享受新技术带给我们的更多便捷与满足。

### （十四）与新技术共舞，做好网络社交媒体营销

人与动物的不同，除了语言，还在于善于驾驭工具，善于用自己聪明的大脑、智慧去驾驭世间万物。这种驾驭体现在人类自然与社会行为的方方面面。在体现驾驭能力的高级阶段，是人类不断推高、走新的科技文明进程。特别是当下，人类与科技须臾不可分离，在加速度、无边界、全连通、一体化发展的新时空下，演绎出属于信息时代的新文化。

正如网络技术的出现，不仅是媒介更新迭代、快速发展的产物，涉及人类的社会表达与信息交流；同时，还是人类生存和发展的新环境、新平台、新前提。人类基于互联网形成的生活、工作行为新模式，在线上空间进一步完善建成之前，早已渗透社会的每个缝隙，成为社会新的类似水、空气等人类存在和发展不可或缺的基础性支持。出现、应用、更新的网络产品类型、生产模式层出不穷，新媒体平台也层出不穷。除了过去旧的、传统的信息生产工具、渠道之外，基于网络，也必然拓展、生发出新的媒体形态。

当下，网络社交媒体——社交网站、微博、微信、博客、论坛、播客，已经成为人们广泛用以创作、分享、交流意见、观点和经验的媒体新形态。在人与技术互为、协同、演进中，作为信息生产新平台、新渠道的社交媒体，存在如何更好地获得广告、实现流量变现、获得平台收益等事关媒体生存和发展方面的问题。为此，网络社交媒体首先需要做好自己的营销和推广工作。

如何做？可以读一读《网络社交媒体营销》一书。这本书是莎玛·海德·卡巴尼——曾被美国《商业周刊》授予“北美25岁以下企业家前25名”称号的“在线营销的法师”、北美营销智慧集团总裁的著述。为想了解、想学习、想开展好社交媒体营销的读者提供帮助，作者“化深刻为浅显”，结合自己的“思想、实验和建议”，将社交媒体营销流程与模式，阐述清楚、揭示明晰、列举到位。特别站在平台及运营主体的角度，作者总结的“社交媒体营销信条”，列出的“社交媒体营销清单”，归纳的“创建社交媒体政策的十个步骤”，为网站或博客成为在线营销的中心，让社交网站、平台吸引、聚集更多流量，提供了具体、详细的操作指南和运行指导。

在笔者看来，网络实在是融涵过于丰富、超限的工具，它支持人类用于拓展的空间之广阔，运用技术能量之巨大，所能实现工作效能、效用之倍增，超出了大部分人群可掌握的程度、范围。显然，即使是物联网正加快到来的现在，人类也还没有完全适应网络技术升级换代的速度、赋予自己自由行动的广度、增强社会技能的量度。使用和利用网络工具方面，有太多人都还停留在几个简单的技术应用的格式化操作层面。

既然是环境，就无以逃避；既然是工具，就应善于运作；既然是先进平台和基础方式，做好网络社交媒体营销应必行、先行、前行。在这个时代，需要与新技术特质赋予的新形式、新能力、新力量更近一些。读了《网络社交媒体营销》一书，我看到的不仅是社交媒体营销的方法指导，还看到了：人，始终是新科技始作俑者和善驾驭者。在设计并不断学会与新技术进步自然相处、有机协同、积极利用、主动掌控和驾驭中，需要占据主动地位，边实践、边总结、边开拓。

## （十五）让营销在激活感官体验中成功

对于企业管理者而言，非常重要的工作任务之一，是通过企业活动的有效组织和管理，让营销人员将企业产品或服务卖出去，不断实现企业利润的增值。企业营销活动成功与否，始终是关键环节：不能有效“卖出”产品或服务，再完备的企业生产最终也只是停留在最初阶段。

《感官营销》一书给我们描摹出了一种新经济社会图景下企业经营、销售的新方法与新模式：“如此有趣”却也“如此困难”，“利用消费者的感官感受影响其行为”的营销活动得以亮相。开始着力利用产品的感官层面，“即触觉、味觉、嗅觉、听觉和产品外观”，“影响我们的情感、记忆、认知、偏好、选择和消费”的感官营销，成为商业活动的新宠。

进一步地，感官营销是日趋兴盛和主流的体验营销模式中的一种。强调通过看、听、用、参与等手段，充分刺激和调动消费者的感官、情感、思考、行动、联想等感性因素和理性因素加以定义、设计的体验营销概念中，相比于情感、思考、关联等其他方式，感官营销居于首位。抓住消费者的心理需求，感官营销更强调直接利用人体感官的视觉、听觉、触觉、味觉与嗅觉，开展以“色”悦人、以“声”动人、以“味”诱人、以“情”感人的销售活动。通过创造知觉体验的感觉，让消费者置身其间并有效地调动其购买欲望，感官营销方式有视觉营销、饥饿营销等。

与生俱来的感觉器官是人类与外界交换信息的最先通路。即使曾在社会发展进程中，被个体或群体的，生理或社会的，有原因或没原因的，暂时、割裂、阶段性钝化或分置，但生物性全感官联动却会在相应刺激到达时，瞬间全面唤醒。感官感知，是人类的生物本能！那些最亲近人的本能的行为，总是最易引发回应！对于企业营销活动来说，要想影响消费者选择、购买、消费产品，就应该着眼于对人类感官、感觉的针对性刺激。说到底，人，从来都是感觉动物，总要先感觉，再感知；先感知，再感受；先刺激，再反应；先触动，再接受！企业针对市场开展经营活动、销售行为，需要在激活客户全感官上多做努力！

不得不说，感官营销理论与模式的盛行，与当下人类社会到达的文明阶段不无关联。只不过相对于全真环境来说，这次更多了一种置身线上虚拟空间的“真实情境”感知。为客户、合作伙伴及社会创造、沟通、传播和交换产品的营销活动、过程和体系，再次朝向全感官激活、利用的营销方向转变。其间，多了许多值得关注的新内容、技术手段和工具方法。

《感官营销》着力阐述“营造新感受，单纯强调或关注现有的感觉，怎样提高企业产品和服务吸引力”问题。在较为全面、系统、深入地围绕感官与产品、感官与产品营销进行理论和案例分析以外，本书促进我们回到情境体验本源，懂得如何规划好产品营销，以激活顾客和服务对象全感官；懂得如何基于满足人类感官、感知和感受，达成产品的成功出售；懂得在人机更多融合时代，人的生物性，依然决定了人类本能和基础的选择。

### （十六）为了卓越，也为了基业长青

没有一个企业的创始人希望自己的企业转瞬即逝，也没有哪个企业家愿

意面对自己的基业盛极而衰。长久、永远，始终是创办或运营企业的企业家的美好愿望。

但是，我们还知道一句话叫“事在人为”，另外，“转危为安”“起死回生”也是对人为力量的赞美与肯定。那些在危机和考验中安之若素，甚至反守为攻、变危机为契机的企业的存在，告诉我们：其实关于企业兴盛后必然走向衰落的认识，也不是那么准确，更不是绝对的！

智慧的人类从来都是可以未雨绸缪的。远在危机到来之前，就能做好应对以及更好规避的准备。对期望企业长青的企业家推荐读一读吉姆·柯林斯撰写的《再造卓越》一书。书中指出的卓越企业走向衰落的五个阶段，可拿来作为镜子，一方面在企业做大做强后，可用以先行洞见和警醒未来发展可能出现的问题；另一方面用来对照企业正在经过的历程，通过检视及早发现催生企业衰败的问题。

书中列出了企业走向衰落的五个阶段及典型迹象：一是狂妄自大阶段：在企业业绩最优秀的时候，变得傲慢和自负，认为成功都是理所应当的；二是盲目扩张阶段：不顾及实力扩大企业经营范围，从而埋下走向衰败的隐患；三是漠视危机阶段：在成功时喜悦或扩张时沉醉，对危机预警不警惕、不重视；四是寻找救命稻草阶段：因没有重视前阶段出现的危机预警，导致不利局面出现后，只能采取一些临时性的战略，但已无法让企业走回正常运转轨道；五是被人遗忘或濒临灭亡阶段：企业将面临破产、慢慢被人们遗忘的结局。

经营和管理企业的过程，从来不能掉以轻心。吉姆·柯林斯论说的五个阶段，对于追求卓越的企业家和企业来说，具有十分重要的警醒意义。要打造卓越的企业，要让卓越的企业持续卓越，作为企业家应当居安思危。

在当前影响企业生长、发展的因素如此之多的情形下，追求卓越的企业家应该时刻保持警惕、做好自己。《再造卓越》提醒企业家们，企业衰败可以避免，但企业家不可因为一时的顺利而不可一世、盲目扩张、闭目塞听，看不到或漠视发展中的危机，觉察不到可能导致企业衰败的原因。

这也是中国智慧时常提醒人们的“居安思危”的要义：祸福从来相依，无妄之灾常出现在人们最得意忘形时。而卓越企业遭受从巅峰跌落谷底的厄运，不是没有迹象提醒，而是企业家无意识的自大，导致自己没有及时解读出五个阶段曾发出的不同信息预警。

这一点人不如机器，不稳定的情绪时常影响人们的理性判定。不可逆的失败可能缘于疏忽！

## （十七）看，三百年帝国商业垄断史

从17世纪初至19世纪末期，垄断贸易公司是欧洲殖民扩张的非官方代表。它们夺取了对很多地区、国家的控制权，这些公司一度具有能带来更多利润、更大商业成功的政府、军事功能。

斯蒂芬·R. 鲍恩作为一位受到赞誉的历史类读物作者，他的《商业帝国三百年》曾被评为2004年《世界邮报》前一百本最好的书之一，并获得过2009年畅销书的乔伊斯奖。书中，鲍恩梳理并讲述了六家跨国垄断公司三百年的发展史。首先，商人冒险家将自己的企业扩张到世界各地——荷兰东印度公司主导了整个印度尼西亚，荷兰西印度公司控制了新荷兰，英国东印度公司统治了孟加拉，俄罗斯美洲公司控制了阿拉斯加，哈德逊湾公司统治管理了大部分北美洲，英属南非公司的势力在南非；其后，六家公司占领了全球大块领土、赚取巨额利润，统治了成千上万的土著居民，并且行使了国家和军事功能；进一步来讲，这些跨国垄断公司给国内的投资者股东们带来了高额红利，也为东道国在世界上赢得关注，实现私人企业向殖民实体的转化。

作者用一个个独立章节，对六个曾经的商业大鳄进行描述，记录由它们的冒险行径、贸易扩张带来的影响。作为贸易殖民时代成功的商人，他们是商业和政治的混合体，也各有不同的性格、特点：都具有强大的竞争性，但均源于为人的残酷无情，以及无所不用其极地将自己的意志强加给他人，以威权获得至高无上的利益；都不是天生的，原先就享有财富、社会地位和权力的“富二代”，均通过自己的白手起家，以一己之力敢于冒险、不遗余力地拼搏，赢得商场上的胜利。

商业大鳄们获得的成功，也源于他们在一个时代的商贸活动中，具有广阔的视野，能够找到向全球扩张的商贸战术。而在资本无限扩张、殖民性垄断攫取，跑马圈地式的原始积累过程中，那些不道德行为、强盗行径、殖民进程，让今天的我们看到资本主义的发家史，其实就是对殖民地及原住民残酷无情的掠夺史、血腥的欺压史、恃强凌弱的殖民史。

本书一方面让读者看到了那些曾经的历史人物，他们所主宰、叙写的资本主义垄断发展史；另一方面也将六大商业大鳄及其公司如何影响并创造世界的走势，公之于众。研读之余，引发我们的思考：西方资本主义社会的自由背后，其滥觞的背后，究竟隐藏着什么。

这也就不难理解当下美国极度打压中国的巧取豪夺逻辑了！而相比于100多年前，我们所处的时代，正是基于互联网建构与真实空间并置的线上空间。依旧跑马圈地吗？依旧丛林哲学吗？依旧以强凌弱吗？有些是，有些需要改变。比如说，我们更清楚地知道帝国资本主义存在和发展的逻辑是什么；也更清楚自己要什么、应该怎么做：在关键、核心技术领域，在新的虚拟空间制空权上，必须寸土必争、毫不退让。

## （十八）警惕国家经济、社会发展中的可能隐患

在我们的概念中，国家更多是一种政治利益、民族利益的代表与体现，更多是人类社会仍以国家为分野的文明阶段的一种利益群体分类。可是，曾几何时，在全球化到来的时候，市场一体化带来的经济一体化，先于文化一体化、政治一体化在当下世界发生。国家作为经济体的特性更为凸显，并在动荡的时局中，经历、遭遇自己前所未有的现实险境。

这就是《即将来临的国家破产》一书出版的背景和描述的事实。国家必然要承担对内让国民获得更好的生活，对外抵御国外势力对国民利益侵害的功能与职责。当下，政府必须使尽全身解数，促进国家经济更好地发展，以保障国民稳定、幸福生活与发展。

然而，终究是人类，所有国家制度的建立，都是基于历史教训不断前行，基于现实要求不断建构，基于未来危机不断应对的。

比如当下，许多国家的金融政策在经济全球化环境中，显现出某种“水土不服”、捉襟见肘的状态；全球性的经济危机，更是将国家作为经济利益体的一些制度弊端提前放大，让一些国家面临前所未有的窘境。

在《即将来临的国家破产》中，美国学者对所谓的国家破产形势、前景、可能的危境和结局等进行了客观、全面的描述：“国家发布破产声明：无力清偿债务或不付利息或用新债来偿还旧债。”“节约措施和提高税收，如政府削减社会福利开支预算；国家和城镇将提高税收。”进一步来讲，“国家着手制造货币，引起通货膨胀以及债权贬值”。在有理有据的宏观分析中，他认为“没有一个投资种类能百分之百地帮您挺过即将到来的债务和通货膨胀危机”。金融投资者，企业和个人在国家经济崩溃前景下的投资决策，“不能将所有赌注都压在一张牌上”。值得关注的是，在对已经发生的人类社会实践行为进行深度剖析的基础上，作者更是指出，即将到来的“国家破产”不会成为世界的末日，而是会迎来一种新的资产分配。

本书作者主要基于资本主义制度和国家经济成分构成，经过深入考察、敏锐洞察，给出分析和结论。身处全球化时代的中国，同样可以拿来用以警醒自己。对经济全球化进程中国家经济政策可能存在的风险，要有客观、理性的认识和预判；另一方面，也应在国家相关经济实践中，及时调整、配置好自己的政策、方案。就像著作所描述的那样，希腊等国的破产已经发生。如何规避这样的危险，读一读近乎十年前的《即将来临的国家破产》，依然可以防微杜渐，谨慎持之。

当下，面对新冠疫情，国际形势巨变，新技术改变了人类文明结构等历史大变局，国家的制度，不仅需要抗压，还需要有自己的柔韧性、坚挺性、创新性。无论如何，新的巨变从来都会催生新生文化。中国制度有效、有力，且凝聚起更加团结的民心。自信之，坚守之，更要继续强大之——敢于面对变局，面对困难和考验，国家经济建设与发展，社会文化创新与实践，在自我适应、改革、调整中不断阔步向前。这，就是一个国家的强大，中国未来要走的路！

## （十九）说出城市贫与富的秘密

有如人的不同，除了人出生时就带有父母遗传基因的不同以外，人还有家庭背景带来的社会条件、环境的差异，有多少兄弟姐妹，父母的职业是什么，家庭的经济条件如何，等等，也决定了我们人生发展、走向的不同。而对于一个城市呢？城市各有自己天然的地理条件限制，比如，背山或临海，所在区域的气候物产、地理环境等。如果说这些都是城市先天“生物基因”的话，城市同样也有后天社会环境差异，比如，城市人口及规模的大小，过往的人文历史，城市在不同文明发展阶段是否曾赢得过机遇，等等。由此，解读一个城市，如同解读一个人，我们既要看它的先天条件，也要看它的后天生长环境。特别在试图了解、说明一个城市贫与富原因的时候，有关它的繁荣与衰落，确实需要从城市社会发展的基本条件与环境开始。

大学者马里奥·波利斯的《富城市 穷城市——城市繁荣与衰落的秘密》就是着力寻找城市富和穷根源的一本书。基于经济学、地理学、历史学的融会贯通，在前期开展了一些重要城市调查的基础上，作者分析了一些地区富裕、国家的财富分布不平等、城市和国家经济增长不对称的缘由；比较富有的以及贫穷的城市发展过程、模式，指出城市发展贫富差距的原因、法则。特别指出：在零距离世界——旅行和电子通信将人类连接得更紧密中，城市获得成长需要具备以下几个条件："规模很重要"，"地理位置很重要"，"成本很重要"，特别是"意外事件很重要"。

作者因主动追求"使这个课题易于理解、耐人寻味且充满趣味"，而将一部学术研究专著，写成了可读性很强的读物。通过"把大学经济学和地理同故事和奇闻逸事结合起来"，在饶有趣味、娓娓道来中，将关于穷城市、富城市的过往、现在及未来，铺排在宏阔的学术视野和架构之上。由此，也引发了我们对于城市发展既理性又感性、既深刻又通俗的回望、观察与思考。读完此书，一方面让我们懂得，城市贫与富更加决定于自身规模和地理条件；另一方面让我们在注重城市建设对自然禀赋及优势发挥的同时，关注对人的吸引。

对于消除城乡二元体制，城市化进程正在加速行进的中国来说，要拓展和建设让更多人安居乐业的城市，就需要重视城市建构的地理位置，也需要对地理条件不佳的城市，用规划的手段，增强交通的便利，扩大城市的人口规模，建立区域性经济发展带、城市群、都市圈。而作者以移民的方式带来财富转移，预测城市的繁荣与衰落，则提醒中国城市建设与发展，必须重点关注生态建设，关注人的生存、生活舒适需要。国家政策和规划，是我们的特色与优势。提前做好生态、生活与城市发展的适配，保持城市稳定、健康发展，将会带来一个城市的繁荣与富裕。如此看来，中国正走在促进区域和城市更好、更快发展的正确道路上。

# 二、学习《革命烈士诗抄》

## （一）向死而生，革命诗歌是宣誓、是号角

争取自由和解放的斗争是要付出血的代价的。1928 年，夏明翰烈士临刑时写下了正气凛然的《就义诗》：“砍头不要紧，只要主义真。杀了夏明翰，还有后来人。”抒发了坚定的共产主义战士为革命死而无悔的忠贞情怀，坚信千百万“后来人”将踏着他的血迹继续前行。而刘绍南等烈士在《答敌人审问》中也写道：“你们杀了我一人，好像明灯暂被狂风吹，革命少了我一人，好比大海丢了一滴水。”其《壮烈歌》中也写道，“革命人，你杀不完”，“有朝一日——血要用血还”。

正如欧阳梅生、夏明翰、刘绍南等烈士诗歌所说，满怀坚定的革命理想、信念，如后来澎湃、殷夫这样年轻的革命者，前仆后继。面对敌人凶残的屠杀，面对战友浴血倒下，面对生死抉择，像殷夫一样的革命者如鲁迅所说，始终像“一个真的猛士那样”，继续昂扬着斗志，用自己的鲜血、生命，向死而生、奋然前行。

即以殷夫《让死去的死去吧》为例，遗作是在这样的背景下写成的：从 1927 年“四一二”事变之后，短短两三年间，被残杀的工农群众、革命青年和中国共产党党员就有 45 万多人，那是白色恐怖下的人间地狱！

在坚定的革命者手中，诗歌既用来抒情言志，也是宣誓、号角！发扬左翼诗派慷慨抒怀的光荣传统，在铿锵有力、悲壮昂扬中，殷夫的诗歌展示了革命者视死如归的豁达襟怀。化抽象为具体，化概念为形象，“他们含笑地躺在路上，仿佛还诚恳地向我们点头”，体现出烈士虽死犹生的高尚精神与形象；不说反动派对革命者镇压和屠杀的残酷，而说“他们的血画成地图，染红了多少农村、城头”；且以“让死的死去吧！他们的血并不白流”反复开

始，渲染和突出革命者面对死亡的浩然正气。

用鲜血点燃着的继续战斗的火炬，再读烈士的革命诗歌，我们看到了建党之初就融入每个真正的共产党人血脉中形象的“红船精神”：既是“开天辟地、敢为人先的首创”，就需要面对复杂甚至残酷的生死环境，惊天伟业都是要在前人不曾走过的路上，直面挑战、牺牲；没有坚定的理想信念，没有百折不挠、置于死地仍然果敢前行的坚韧，就谈不上奋斗，也无以形成精神；不能做到立党为公、忠诚为民，像澎湃、殷夫等烈士，何以散尽家产、放弃优渥的生活，为了共产主义理想、信念，为了劳苦大众去献出自己的生命！

那时的革命诗歌，早已不是烈士们个人的言情、言志，自我抒发，而是属于一个战斗集体的共同意志和表达：用诗作点燃更明亮的火炬，化流血、牺牲的悲痛，为战斗的无限勇气、强大力量，激励、唤起同志们的英勇前行！

殷夫一生 4 次被捕，是“左联”五烈士之一。1931 年 2 月 7 日被秘密杀害于上海龙华国民党淞沪警备司令部附近的荒野里。牺牲时，殷夫年仅 21 岁。

## （二）由内而外的自信，源自觉利他的信仰

学习《革命烈士诗抄》，回望革命往事，不能仅停留在诗歌的文学艺术性的评判上，相对于文学价值，着力对其间所呈现的先烈们精神世界的读解，是对这些用生命去写就文字、篇章的勇士的真正尊重。而在这些凝聚高尚精神背后的，还有为国家、民族舍生取义重于泰山的革命信念：那些走向刑场的共产党员，用他们的鲜血去奠基百年党史坚实的底座和丰碑；那些倒在新中国黎明到来前的无数先烈们，用他们的奉献和牺牲，诠释并建构了中国共产党人红色精神谱系的巨链与丰碑。

通过学习烈士诗抄、回望革命往事，我看到了革命烈士诗抄中普遍传达出来的一种大无畏的自信。

李大钊有“鹏鸟将图南，扶摇始张翼；一翔直冲天，彼何畏荆棘？”的诗句。刘绍南在《答敌人审问》中写道：“大丈夫，要革命，立志创造新社会；为工农，谋幸福，百折不挠气不馁。”欧阳梅生在其《试笔诗》中则写道：“中国一团黑，悲嚎不忍闻。愿为刀下鬼，换取真太平。”贺锦斋的《浪淘沙·仰望蔚蓝天》中亦有“我辈应伸医国手，重整河山”的诗句。澎湃则言：“我们大家来起义，消灭恶势力！如今大革命，反封建，分田地，坚决来斗争，建设苏维埃！”殷夫说，“我是一个叛乱的开始，我也是历史的长子”。

通过这些文字，我们从中看到了图谋大业，能以革命创造新社会、为工农谋幸福的自信！以一己之躯，担负起天下的苦难，用牺牲换得海晏河清的自信！

进一步的，贺锦斋是“吾将吾身交吾党，难能菽水再承欢”，“流血身死何所惧，刀剑丛中斩豺狼！”殷夫是“他再不怕天帝的咆哮，他要牺牲去他的生命，更不要那纸糊的高帽”。就是牺牲时仅仅15岁的张锦辉也是“唔（不）怕死来唔怕生，天大事情妹敢当；一心革命为穷人，阿妹敢去上刀山”。这里面体现的是革命烈士投身革命事业时，消失了小我、超越了世俗功利的自信！

殷夫说：“这，就是你弟弟的前途，这前途满站着危崖荆棘，又有的是黑的死，和白的分，又有的是砭人肌筋的冰雹风雪。”贺锦斋说“流血身死何所惧，刀剑丛中斩豺狼！”还有烈士们在面临死亡，从容吟就“满天风雪满天愁，革命何须怕断头？”（杨超）“抛头颅、洒热血，明翰早已视等闲。”“砍头不要紧，只要主义真。”（夏明翰）柔石：“剜心也不变！砍首也不变！”其中，是超越了生死、超越了肉体凡胎的自信！

再看“杀了夏明翰，还有后来人”。“你们杀了我一人，好像明灯暂被狂风吹，革命少了我一人，好比大海丢了一滴水。”（刘绍南）“共产党万年走天下，反动派总是不久长。”这已经是对自己的组织，所投身的事业、所信仰的马克思主义的自信了！

在这些诗里，属于党的、参加革命组织的每一个人，无关年龄，无关背景和身份，无关经历与环境，都无一例外地表现出由内而外的自信！

而从以上烈士诗句所表达的多层次的自信里，我们看到其间已经脱离了物质与社会环境的具体规定，作为革命阶级在残酷斗争中面对的现实，绝对超越了肉体生命的存在！面对困难、面对黑暗、面对牺牲，坚守信仰、勇于担负，这群在生活、生存层面，自觉站在解放无产阶级的革命立场而正处于难以想象残酷、艰难境地的人，这群在因革命斗争时刻命悬一线、颠沛流离的人；这群面对黑暗的政治环境、气候，要带领人民推翻压迫阶级而被监视、被打压、被驱逐的人；这群随时处于险境、生命堪忧的人，获得的是舍生取义的自信。来自对身处集体也信赖集体中，获得的是同仇敌忾的自信；来自对国家和民族未来的光明的期盼中，获得的是超越当下的自信；来自对革命必胜信念的坚定不移中，获得的是忘记肉体的自信！

在打破一个旧世界的坚定斗争中，以精神的优越和超越，以对真理的遵奉和信仰，这些但无小我，唯有大我奋不顾身的革命先辈，显示出无畏无惧的自信！

我想，为什么是中国共产党，为什么中国共产党能和行？从当年走向刑场面对敌人、刽子手，带着革命的优越感，慷慨激昂吟唱《就义诗》，含笑面对死亡的革命烈士那里，就可以找到答案！

2021年7月1日，习近平总书记在建党百年庆祝大会上说，“坚持真理、坚守理想，践行初心、担当使命，不怕牺牲、英勇斗争，对党忠诚、不负人民”是我们的伟大建党精神。而为新中国奉献所有，直至献出自己生命的革命烈士们从内而外的自信，就是建党精神的形象表达！从第一天开始，每个加入党组织、从事革命事业的成员，在为国家、为民族的责任、使命的自觉意识中，早已准备好随时牺牲一切！

因精神的高贵，无产阶级战士脱离了作为人的低级趣味！

## （三）实现社会平等，是中国共产党革命理想的力量与能量

在国家处于内忧外患、民族危难时，中国共产党横空出世。面对遍地荆棘、残酷杀戮，他们慷慨激昂、蔑视强暴，他们追求真理、义无反顾。在革命道路上，近代以来，为中国革命和建设事业牺牲的就有2 000万名烈士。而习近平总书记在建党百年庆祝大会首提建党精神中，“坚持真理、坚守理想”是思想、理论基础。

坚持什么真理？坚守怎样的理想？从《革命烈士诗抄》中，我们可以读出其中的一个密码：党领导的革命和建设，是要追求、实现国家民族、社会阶级、人人平等的公平社会！

中国共产党早期革命家，不少曾留法、留日、留苏，他们用世界的眼光，更能看清当时国家的处境和前途。当赵世炎“站立在巴黎铁塔顶上”，远望莫斯科，“万千风光，令人神往！”遥看“无数红旗飘扬”，遥想“工农武装，打倒了沙皇，赶走了豺狼”（《远望莫斯科》）的时候；当王尽美疾呼“反对卖国念一条，保护我山东，堂堂中华，炎黄裔胄，主权最神圣”（《长江歌》）的时候；当蔡和森吟哦“匡复有吾在，与人撑巨艰。忠诚印寸心，浩然充两间（《少年行》）”的时候，他们思虑和盼望的，是要改变当时中国积贫积弱的现实，是实现国家的富强、民族的强大，是国家和民族得以屹立世界民族之林，是在国际社会中得到平等与尊重。

追求、实现阶级平等是中国共产党领导无产阶级革命取得不断胜利的关键密码、重中之重。如王尽美所述“贫富阶级见疆场，尽善尽美唯解放”

（《赠友人》），共产党人看到了“我辈农民种田地，交租纳税已有余；官僚地主享大福，农民生活狗不如”（谭寿林：《土地革命山歌》），看清了“天下洋楼我工人造，资本家坐在洋楼哈哈笑”（欧阳立安）。为了“人人种地有田地，有饭吃来有衣穿”（谭寿林：《土地革命山歌》）；为了解放被剥削、被欺凌、被压榨、被侵害的劳苦大众，就要推翻造成社会不合理、阶级不公平的社会制度。于是，要“打倒官僚才快乐，铲除地主才安然”，“杀头当做风吹帽，坐监也要闯上天”（谭寿林：《土地革命山歌》）；敢于牺牲、勇于斗争，在为工人、农民等劳苦大众求解放、争利益的道路上：“共产党人为工人坚决奋斗！”（欧阳立安），“工农同志要谋生，军阀要打倒，土豪要肃清”（曾莱：《春》）。于是，中国共产党人号召：“我们大家来起义，消灭恶势力！如今大革命，反封建，分田地，坚决来斗争，建设苏维埃！工农来专政，实行共产制，人类庆大同，无产阶级世界革命，最后成功。”（澎湃：《起义歌》）因此，面对困难、面对黑暗、面对牺牲，才有了那么多真理信仰是内涵、舍生取义是内容、牺牲自己是表达的《狱中诗》《就义诗》！

追求、实现人人平等的公平社会，是中国共产党领导无产阶级革命、开展社会主义建设、朝向共产主义社会前行的理想与信念。人人平等，让10岁时就被卖作童养媳的张剑珍，在加入革命队伍后，成为意志坚定的革命者，唱出了“你莫切来你莫愁，总爱革命有出头。砸破泥碗用金碗，烧了茅寮住高楼”（张剑珍：《山歌》）；被捕入狱想的是“爱剐爱杀无要紧，为了革命心一条，唔怕刑场去过刀”，“杀头(亻厓)（我）话风吹帽，坐监(亻厓)喊嬲花园，要为穷人出头天”（张剑珍：《五更叹》）。也让3岁时一样被卖作童养媳的魏嫲，就义时慷慨高吟《就义诗》：“又吹号筒又拿枪，咁多士兵来送丧，咁多官员做孝子，死到阴间心也凉。”作为曾经地位低下、命不由己的女性，走进革命队伍中的张剑珍、魏嫲烈士，也有了这样的革命意志与崇高理想。

在狱中，张剑珍夜不成寐，她真挚、深情地向党诉说着：“五更天，天就光，又想红军古团长。培养教育剑珍女，党系(亻厓)（我）个亲爹娘，视死如归跟着党。”这是怎样的一种信仰与感情？这是党带领的革命队伍，持人人平等的理念、理想，让参加革命组织中的每一个成员，都以主人翁的意识、情感投身其中，获得归属感，提升崇高感，追求价值感，为了无产阶级革命事业视死如归、奋不顾身。

重温马克思《共产党宣言》中关于“每个人的自由发展是一切人的自由发展的条件”的论述，为我们今天深刻懂得中国共产党，为什么走过百年历程依然风华正茂，提供了最根本的解答；也为我们从《革命烈士诗抄》中读到的追求平等的革命力量与能量，做了最好的阐释。致力于全人类和无产阶级的解放，把实现人的全面自由发展作为最高价值追求，马克思主义思想体系的核心价值追求，中国共产党始终坚持、坚守的社会主义、共产主义理想，平等是基础表达、核心追求！为国家、民族之平等，社会不同阶级之平等，人与人之平等，中国共产党人努力奋斗，使中国革命有了最广泛、最深厚的群众基础，最切实、最根本的号召力，最宽泛、最兼容的组织涵容性！随着社会不断进步，永不失先进本色！

## （四）为民请命不畏死，征途漫漫写春秋

中国共产党从诞生之日起，就把为人民谋幸福、为民族谋复兴确立为自己的初心使命。在习近平总书记提出的“坚持真理、坚守理想，践行初心、担当使命，不怕牺牲、英勇斗争，对党忠诚、不负人民”建党精神中，“践行初心、担当使命”是在革命实践层面上的高度概括。当李蔚农设问，“问谁敢击中流楫？舍却吾侪孰与俦!”（《游采石乘轮出发》）时，百年党史，写就的其实是中国共产党人忘利、忘身、忘我，为中国人民求解放、争未来、谋幸福的矢志不渝和践行担当。

**1. 为人民求解放而奋起革命**

辑录了含无名在内的100多名烈士留下的《革命烈士诗抄》，时常能见到“民”字。因“故乡匪势太凶顽，害得人民苦不堪。拔苦须先除暴戾，此身誓把责承担”（贺锦斋：《七绝》），贺锦斋走上了革命道路；因“哀无辜之民兮，无宁处”，孙炳文“吾不难不顾而去兮”（孙炳文：《行路难》）；因“农民生活狗不如”，“官僚地主真威福，当我农民不是人”，刘绍南“立志创造新社会；为工农，谋幸福，百折不挠气不馁”（《答友人问》），最终慷慨就义；因“一肩任务千斤重，都为工农解放多”（谷公鲁：《无题》），柔石、郁达夫等原本文弱的青年才俊，自觉担负起“匡民”的责任，加入革命队伍，成为先行者或领导者。如毛泽东在《七律・忆重庆谈判》中写的那样，“遍地哀鸿满城血，无非一念救苍生”，革命领袖是这样，无数革命先辈是这样，因为人民，因为“不忍离开那苦难的兄弟姐妹，我要帮助他们，冲破黑暗啊，创造光明”（俞昌准：《天堂》），无数革命先辈走出书斋，放弃富裕家庭或平常生活，义无反顾地投身到为人民求解放的革命疆场！

为人民求解放，既是党创建时的初心、使命，也是革命先烈投身革命的

起因、动力、目标。

**2. 为人民争未来而甘愿付出**

从1921年建党到1949年新中国成立的28年间，中国共产党在血雨腥风、千难万险中，为劳苦大众翻身做主人，进行了艰苦卓绝的斗争。

当王尽美们秉持“贫富阶级见疆场，尽善尽美唯解放”（王尽美：《赠友人》）的信念，走上革命道路，他们便为人民放弃了自我，“摒弃了我一切梦幻的欲念，澄清了我一切颓唐的绮思”；为人民的解放，“我将我冶成了一块百炼的精钢，我将我制成了一具完美的器械”；要争当革命的利刃，“勇敢地去为那无产阶级利益冲锋陷阵！”（俞昌准：《一柄朴刀》）

家国不能两全！要为人民争未来的大义，湘鄂边红军创建人贺锦斋通过家书托付亲友，“忠孝本来事两行，孝亲事望弟承担”；“蹈火归来又赴汤，只身亡命是家常”。习惯在非人险境里的革命斗争生涯，熊亨瀚烈士“东西南北路千里，父母妻儿天一方”（《亡命》）。

为人民争未来，是革命、立党的基本、核心，也是革命先烈奋斗不息、放弃自我而瞄定的理想、信念！

**3. 为人民谋幸福而舍生忘死**

为民请命、舍生取义，在自觉担负中，“共产党为工人坚决奋斗”（欧阳立安），无惧“眼前大敌狰狞甚”，踩着遍地荆棘，革命先辈直面残酷杀戮，奋不顾身，“誓为人民灭豺狼”（熊亨瀚：《亡命》）。不只王达强烈士“年来书剑走天涯，只为匡民不顾家”（《无题》），“吾欲倚长剑天外兮”的孙炳文，在《行路难》中写出的是先辈们的革命意志；“为主义牺牲，为工农死节”，在刑场面对敌人高举的屠刀，朱也赤烈士慷慨激昂吟就的《就义诗》，表达出为人民不惧牺牲的革命精神。要为人民换得地朗天清，使先辈们将“杀头当做风吹帽，坐监也要闯上天”（谭寿林：《土地革命歌》），早已把生死置之度外，“挺身甘上断头台”（熊亨瀚：《亡命彭泽》）。源于人民、立身人民，革命先烈舍生忘死、不畏牺牲，用鲜血、生命诠释了中国共产党的使命和担当！

习近平总书记说，走到任何时候，“都不能忘了人民这个根”！在革命烈士留下的诗作中，我们读到也懂得了，“革命理想高于天”里，有革命先辈念念不忘、不惜用生命去维护、捍卫的人民幸福。由此，学习、领会建党精神，深刻领会、体悟“人民就是江山，江山就是人民”的含义，党的百年奋斗史，也是为了人民、服务人民的奋进史！而坚守“人民至上”理念，才能不辜负千万革命烈士的流血牺牲，中华民族伟大复兴才有坚实的根基和根本的意义！

## （五）与革命和奋斗更配的是“而今迈步从头越”的豪放诗

少不更事的时候，曾经对“婉约派”宋词达到痴迷的状态。

喜欢读李清照的《声声慢》：“寻寻觅觅，冷冷清清，凄凄惨惨戚戚。乍暖还寒时候，最难将息……”然后，必装模作样、愁眉苦脸地伴随一句长叹，“这次第，怎一个愁字了得”，方才满足；看柳永的《雨霖铃》，必努力逼出眼角的湿润，找一种哀伤的情绪，低吟“执手相看泪眼，竟无语凝噎”后，再努力找到宿醉的感受，拿出不自知装出的凄凉状方休：“今宵酒醒何处？杨柳岸，晓风残月。”

而读婉约词，心中经常走不出“才下眉头，却上心头”的九曲回环，却是特别深刻的体验。

相较之下，今年在全国政协线上读书，再次跟读《毛泽东诗词》，并兼读《革命烈士诗抄》，更多读到的，显然应称为是“豪放派”诗作了。

在毛泽东诗词那里，是“北国风光，千里冰封，万里雪飘”，是“长城内外，惟余莽莽。大河上下，顿失滔滔”的壮阔；是“暮色苍茫看劲松，乱云飞渡仍从容”的镇静；是“雄关漫道真如铁，而今迈步从头越”的豪迈；是“红军不怕远征难，万水千山只等闲”的坚韧；是“欲与天公试比高”“数风流人物，还看今朝”的激昂。

在革命烈士那里，是直面“中国一团黑，悲嚎不忍闻”（欧阳梅生：《试笔诗》）的怒发冲冠；是“死里逃生唯斗争，铁窗难锁钢铁心”（王若飞）的一身担当；是“为了消弭灾难，只有拼死搏战”（贺锦斋：《西江月》）的奋不顾身；是“志士头颅为党落，好汉身躯为群裂”（周文雍：《绝笔诗》）的舍生取义；是“呵！战！剜心也不变！砍首也不变！只愿锦绣的山河，还我锦绣的面！呵！战！努力冲锋，战”（柔石：《战》）的怒目金刚！

从《毛泽东诗词》和《革命烈士诗抄》里看，更多诗作不婉约，更豪放！

究其原因，通俗好懂。

**1. 严酷的环境不允许婉约**

因为“大好河山似锦，军阀混战乾坤”（于方舟：《西江月》），“在我们前面，白色恐怖，困苦，艰难，好像几座大山”（田位东：《诗一首》）。“大陆龙蛇起，江南风雨多。斯民正憔悴，吾辈尚蹉跎”（李大钊），是“我们过的是非人的生活，唯有斗争才解得锁链”（殷夫：《五一歌》）时；是“蹈火归来又赴汤，只身亡命是家常”（熊亨瀚：《亡命》）时。顾不得婉约，咏叹情绪、沉迷内心，如李商隐的诗“商女不知亡国恨，隔江犹唱后庭花”，不合时宜。

**2. 担负的重任不允许婉约**

要“把沉重的镣枷打在地上，把卑鄙的欺骗扯得粉碎”（殷夫：《五一歌》），要“倾洋涤宇宙，重建此乾坤”（罗学瓒：《咏怀》），要“为主义牺牲，为工农死节”（朱也赤：《就义诗》），为“贫富阶级见疆场，尽善尽美唯解放”（王尽美：《赠友人》），而“不要荣誉，不要功建，只望向真理的王国进礼”（殷夫：《别了，哥哥》），大业面前，个人抒情“今夕何年”的“明月几时有，把酒问青天”的苏轼豪迈，也有狭隘之嫌。

**3. 进行时的革命不允许婉约**

“在今天，我们要高举红旗，在今天，我们要准备战斗”。战斗的姿态是“一定要冲，冲，冲，冲破那座资本主义的恶魔宫”（殷夫：《五一歌》），是一定要“前进！前进！冲破黎明前的黑暗”（田位东：《诗一首》）。在“愁云惨雾罩南粤，战士成仁飞赤血”（朱也赤：《就义诗》）时，要的是“满天风雪满天愁，革命何须怕断头”（杨超：《就义诗》）的准备，要的是“杀头当做风吹帽，坐监也要闯上天”（谭寿林：《土地革命山歌》）的义无反顾！此时，哪里还有情绪波动、一咏三叹的时间和空间，要支持、激励革命者和同志们一起英勇顽强、奋勇向前，唯有坚定、豪迈的壮志，唯有“三十功名尘与土，八千里路云和月”的壮怀激烈，才写得出崇高的牺牲，配得上付出生命的无畏！

**4. 革命者的志向不允许婉约**

“立志在匡时，欲为国之英”（罗学瓒：《随感》），革命者的志向在“牺牲换人群幸福，革命是吾侪之家”（吴厚观：《诗一首》），在“也求今古东西学，不做英雄不要名”（于方舟：《遗怀》），要投身“一齐起来，解放我们自己”（柔石：《血在沸》）的事业，要唤起民众求解放、向光明的前行。此时，共产党人、革命者更是国家、人民赤胆忠心的赤子，不能脆弱要坚强，不能软弱要坚定，不能小我要大我，不能自我要付出！

所以，“不患不能柔，惟患不能刚；惟刚斯不惧，惟刚斯有为”。罗学瓒烈士在《自勉》中，已经告诉我们，在中国共产党带领劳苦大众奔赴未来的路途中，不能顾及个体生命、个我性情，要用激越、豪情奔放地直抒胸臆、慷慨激昂，去激励自己，鼓舞士气；去助力斗士以战斗的姿态奋勇前行；去号召、带领更多的革命者战胜眼前的现实危险，焕发、实现精神上的超越！

面对难以想象的困难与艰险，在战斗、冲锋的壮烈时刻，豪放派的诗歌起到了特别的作用，担负了特别的功能：给予心灵以支持，实现精神的提升，凝聚共同的力量，夯实意志的坚定。

在坚定革命理想，坚守建党初心，要为国家和民族的未来，始终保有不屈不挠的斗争精神，当毛泽东站在湘江边上、橘子洲头，自信豪迈地“问苍茫大地，谁主沉浮”时，中国共产党人要用热血和生命践行入党誓词，“随时准备为党和人民牺牲一切”，要诠释大写的“不怕牺牲，英勇斗争”精神，要以惊天动地，去开天辟地、改天换地！此时，豪情、激越才鼓舞士气、激活热血，强悍、高远才能支持勇士不惧艰险、果敢向前！

豪迈的诗风、诗格、诗派，与革命和奋斗更相配！

### （六）带着使命，是为担当、奉献和牺牲

《革命烈士诗抄》辑录下的革命烈士诗作，大多来自1927年到1937年。

历史不容忘却也不能忘却！那段时间，年轻的中国共产党经受生死存亡的考验，遭遇多次几近灭顶的围追堵截，付出巨大代价。

仅1927年4月到1928年上半年就有337 000名共产党员、共青团员、工农群众和其他革命人士献身，到1932年前达100万人。

从革命烈士的遗作中，我们却读到了以下场景：

面对凶险、危难，革命先辈平静从容。龙大道烈士的《粗布》一诗，描绘出置身艰苦环境中，革命者与敌人斗智斗勇的情形；“黑夜茫茫风雨狂，跟随常兄赴疆场”的贺锦斋，追歼敌人心急如焚，“大江东去浪滔天，心神不安似油煎。我欲渡江苦无计，夜半灯火未入眠”（《诗一首》）；“我是一颗铁打的心，战斗就是我的生活”，程晓村的《我不怕》，道出当年革命先辈的心声。

面对被捕、坐牢、受刑，革命者早已当作寻常事。“一更叹，坐监牢，如今变作笼中鸟”（张剑珍：《五更叹》），坐监是寻常；“狱卒呼吾名，从容就酷刑”（朱也赤：《就义诗》），受刑是寻常；“为了免除下一代的苦难，我们愿把这牢底坐穿”（何敬平：《把牢底坐穿》），担负是寻常。责任和使命，让非常也是平常！

面对流血、牺牲，革命者早已做好牺牲的准备。用血肉之躯谱写《狱中诗》《就义诗》，“不作寻常床箦死，英雄含笑上刑场”（李少石：《诗一

首》）；面向死亡踏歌行，“我五歌兮歌声止，慷慨悲歌今日死。我六歌兮歌声乱，地下应多烈士伴”（王达强：《狱中题壁》）；置生死于度外，想的、念的不过是“身死何所惧，刀剑丛中斩豺狼！”（贺锦斋：《诗一首》）无畏更无惧，让信念超越肉体！

在古公鲁“一肩任务千斤重，都为工农解放多”的无上使命中（《无题》），在恽代英“已摈忧患寻常事，留得豪情作楚囚”的奋不顾身中（《狱中诗》），在程晓村的“去，勇敢地去吧！望着死，我也前去”（《给同志》）的义无反顾、视死如归中，就像前面学习体会曾提到的那样，《革命烈士诗抄》充溢着的，是革命者的绝对自信，是对平等的无限追求，是为民请命的忘利、忘身、忘我，是唯有豪放方能表达的激昂与壮烈！

读着革命诗歌，感动于其中展现战斗生活、崇高人格、伟大操守、革命壮志的壮烈、英勇画面，不由得要多思考几个问题：同样是肉体凡胎，同样是尘世中人，留下诗作的革命烈士们，为什么不论富有还是贫穷，都选择了颠沛流离的革命生涯？为什么如此年轻的生命，能不畏艰险、前仆后继地奉献出生命？为什么那么多的共产党员，明知山有虎，偏向虎山行？为什么百万的革命者，勇敢地放弃小我，为了争取国家、民族的解放，走进黑暗顽强斗争？

深入学习党史，回望革命历程，体悟红色精神。这些问题的答案，应该从中国共产党建党的历史背景中去看，可以从党的性质、宗旨中去找！

1921 年，苦难深重的半殖民地半封建的旧中国，面对着被帝国主义亡国、瓜分的严重危机，国内军阀混战、地方割据的动荡局面，以及民不聊生、百业凋敝，中国共产党的诞生，是作为“将主动承担民族使命与履行政治责任作为组织激励和实践拓展根本源泉”的使命型政党，从彼时 200 多个大大小小政党中脱颖而出。

把实现共产主义作为最高纲领，新生、先进的无产阶级政党——中国共产党，自诞生之日起就担起国家、民族、人民的重责，面对艰难困苦的考验而不惧。中国共产党的立党之本，是为国家富强、民族昌盛、人民幸福奋斗终生。

由此，党的信仰、理想、信念与宗旨，深植于每个党员的精神深处，共产党员龙大道在黑暗的牢房写下“身在牢房志更强，抛头碎骨气昂扬”的诗句（《狱中》）；共产党员周文雍走向刑场时高呼着“头可断，肢可折，革命精神不可灭。壮士头颅为党落，好汉身躯为群裂”（《绝笔诗》）；共产党员夏明翰面对行刑的敌人，高喊“砍头不要紧，只要主义真。杀了夏明翰，还有后来人”（《就义诗》）……身处非常以英勇，身历危难以从容，身经残酷以笑对，身向牺牲以无畏！革命先烈们，以“忠诚印寸心，浩然充两间”（蔡和森：《少年行》）的革命意志与决心，在“精神彪炳心气正，口号随着枪声听”（陈逸群：《狱中杂诗》）的革命人生里，随时准备好以“共产党人意志坚，赴汤蹈火我当先”（陈松山：《革命的“铁砧”》）的姿态，直面生死。

就这样，为了国家、民族和人民，肩负使命和革命理想，坚定的马克思主义者们，执着、坚定、不懈！“砍头只当风吹帽”“抛头碎骨气昂扬”（龙大道：《狱中》）。用自己的奋斗、牺牲，对“不怕牺牲、英勇斗争”的建党精神作了形象、充分的描绘；用为人的高尚，做事的奉献，对中国共产党的本质、宗旨，作了最好的诠释！

1937 年 9 月，时任八路军总指挥的朱德，在给亲属的信中曾写过一句话：“那些望升官发财之人决不宜来我处，如欲爱国牺牲一切能吃苦之人无妨多来！”

“为有牺牲多壮志，敢教日月换新天！”体现为内心深植的精神禀赋、外在尊崇的行为标准，走进革命队伍的每一名共产党员，都做好了超越常态生活、世俗人生、肉身苦痛的准备。他们的生命，带着使命而来：不恤奉献，追寻中华民族的光明；不恤鲜血，浇灌真理与正义的花园；不恤牺牲，谱写为人民幸福永远奋斗的英雄赞歌。

## （七）直向未来在天歌

从五四运动爆发到红军长征胜利，中国共产党既在艰难条件下诞生，也在挫折、恐怖，流血、牺牲，探索、坚持中，不断成长、壮大，直至找到并走上中国革命的正确道路。

学习《革命烈士诗抄》的过程中，我们知道，这条路，是无数革命先烈，用鲜血、用生命，经历非人的生活，忍受非人的考验，超越身体与精神的极限，以坚定的信仰、坚强的意志、坚韧的毅力、坚决的前行，最终迎来了革命的胜利，迎来了新中国的成立。

留下遗作的革命烈士，一般受过一定的教育，而更多或者还是文盲的革命先辈，没有留下任何诗作或其他的文字，他们倒在了革命胜利、新中国成立黎明前的黑夜里。仅用诗作去说，我们只能从手中散佚不全的烈士遗作中，去看、去思考、去认识。想一想，当年那些奋不顾身投身革命的先驱、前辈，他们如何走上革命道路，如何经历革命过程，如何面对艰难困苦，如何进行信仰与生死间的抉择。

为拯救黎民于水火，革命者或弃笔从戎，或毅然投身革命事业。因为“土豪劣绅，一群狗党，万恶滔天，刮民血汗”（《壮烈歌》），刘绍南敢于走到铡刀下；因为“狗孤当权乱纷纭，山河处处有啼痕”，“蛇蝎咬人胜狼虎，生灵涂炭泣鬼神”，张傲寒一边诘问着“屠杀哪能维统治，关锁岂可对人民”，一边走上了“倚天拔起青锋剑，诛尽奸劣肃嚣尘”（《诗一首》）的道路；同样的原因，也逼迫有血性的书生周逸群，“废书学剑走羊城，只为黎元苦匪兵”（《诗一首》）；连15岁曾是童养媳的张锦辉也“一心革命为穷人，阿妹敢去上刀山”（《就义诗》）。

走上革命的道路，就意味着放弃了常人的生活。李司克经历着“今后浪迹天涯！家庭的诘责，乡党的舆论，朋友的鄙视”（《Vector——给我念念不忘的测苇》）；黄接舆选择了“我去了，我去了，今后浪迹天涯!”面对着“四面云山齐控纵，廿年岁月冷云过。道高一尺魔高丈，牺牲争随代价多”（《对江娥》）。蔡上林则“尝遍穷愁生死味，淡然过去乐无忧”（《遣怀》）。而坐监、受刑寻常事，赴刑场、要牺牲早有备。“浪迹江湖忆旧游，故人生死各千秋，已摈忧患寻常事，留得豪情作楚囚。”恽代英一首《狱中诗》，不仅道出了革命者的日常景况，也表明了革命者的心迹与豪情。

面对着自己的选择，革命先辈用义无反顾、无畏生死，演奏英勇、壮烈的革命奏鸣曲。雷开元《就义词》对革命者的人生开宗明义：“自从把命革，此心坚如铁。”陈寿昌在其《诗一首》中，则表达不惧险、不畏难的决心：“身许马列安等闲，报效工农岂知艰。”蔡上林在《遣怀》中，写出了同样的选择：“雄心射越三千丈，未达成功哪肯休!”蔡济黄忠诚于革命事业，想的是“留得头颅在，雄心誓不降”（《无题》）。杨匏安在《狱中诗》中说：“余生无足恋，大敌正当前。”为了革命事业坚忍不拔、永不退缩，忘身忘我、舍生取义是先辈们一致、坚定的选择!

为了革命不怕死！对于血肉之躯的人来说，是最难的选择、最大的考验了！但在革命烈士那里，“砍头不要紧，只要主义真”，是如夏明翰一样的革命先辈们群体性的共同意志。陈松山写道：“共产党人意志坚，赴汤蹈火我当先。”（《革命的“铁砧”》）张锦辉说道：“唔（不）怕死来唔怕生，天大事情妹敢当。”（《就义诗》）龙大道：“身在牢房志更强，抛头碎骨气昂扬。”

（《狱中》）赵博生则用《革命精神歌》更直白地说出了革命者的心声与决心，“先烈为平等牺牲，作人类解放救星”；“个人自由全牺牲。我死国生，我死犹荣，身虽死精神长生，成功成仁，实现大同”。

这样一群革命者如何不让敌人胆战心惊？“要杀就杀，要砍就砍，要我说党，我决不说。”“刀放头上不胆寒，英勇就义”“直到流尽了——最后一滴血，眼睛哪肯把敌瞥！宁死不屈！”刘绍南的《壮烈歌》，形象地描绘出信念坚定、革命坚决、无畏生死的革命烈士英勇就义时，惊天地、泣鬼神的壮烈场面！他们，用自己的一生，对何谓“伟大”做了尽善尽美的说明！

什么是伟大？是作为人，超越世俗的；是作为血肉之躯，不顾生死的；是人活一世，忘我付出地献身革命事业的！

“且将点滴血和泪，洒遍天下自由花！”“牺牲换人群幸福”（吴厚观：《诗一首》）的革命先辈，一边“壮志未酬身若死，亦留忠胆照人间”（陈寿昌：《诗一首》）；一边寄希望于革命后代，“坚持革命继吾志，誓将真理传人寰！”（夏明翰：《诗一首》）在经历无数艰难困险的时候，因自觉背负民族和人民的解放重任，他们将目光放在远大的革命目标和理想处，让自己超越了身体，超越了眼前，超越了个人，超越了平常，而随精神强大、随未来永生！

而这正是建党精神之伟大的体现！

## （八）此身担当在彼岸，但为桑梓与黎民

从《革命烈士诗抄》中，可以形象、深刻地感受到，中国共产党是站在“全心全意为人民服务”的立场，以实现全人类解放为历史使命，一方面恪守“共产党人没有任何同整个无产阶级利益不同的利益”原则；另一方面代表中华民族和中国人民的利益，将政治理想和远大目标有机地结合起来。

### 1. 为救亡奋勇争先

“洋船水上漂，洋旗空中飘。洋人要威风，国耻恨难消。”面对亡国的危险和任人宰割的耻辱，幼年时的夏明翰在心中早早种下了革命的种子，这才有了后来“砍头不要紧，只要主义真”的共产党员、革命者夏明翰的挺身而出、奋勇向前。“猛攻，猛攻，捶碎这帝国主义万恶丛！奋勇，奋勇，解放我殖民世界之劳工。”瞿秋白的诗里多有反帝、反殖民主义之先声。“八表正同昏，一夫终窃国”，“大陆龙蛇起，江南风雨多。”面对军阀混战，看到国之不国，中国共产党创建人之一的李大钊唯愿“一翔直冲天，彼何畏荆棘”。只因

“半壁河山，业经变色”，当日本帝国主义侵略中国时，吉鸿昌组成了察绥民众抗日同盟军，选择的是“恨不抗日死，留作今日羞。国破尚如此，我何惜此头”，高吟的是“有贼无我，有我无贼；非贼杀我，即我杀贼！”走在“舍身救国”的道路上，但求“归来报命日，恢复我神州”。“男儿立志出乡关，报答国家那肯还，埋骨岂须桑梓地，人生到处有青山。”“忧国耻为睁眼瞎，挺身甘上断头台。”黄志峰、熊亨瀚烈士表达的何止是几个革命者的心声？

**2. 为人民奋不顾身**

“土豪劣绅，一群狗党，万恶滔天，刮民血汗。”因为被压迫、被剥削的人民，刘绍南追随自己歌颂的革命烈士足迹，英勇就义。“狗孤当权乱纷纭，山河处处有啼痕。屠杀哪能维统治，关锁岂可对人民。蛇蝎咬人胜狼虎，生灵涂炭泣鬼神。”因为不满官兵的残暴、人民的苦难，吴厚观“倚天拔起青锋剑，诛尽奸劣肃嚣尘”。为了工农大众，俞昌准的诗句，表达了共产党人的选择，“这里是地狱，囚着那蓬头垢面的人群，都是那被压迫被剥削的，劳苦大众的姐妹兄弟”，“我暂时不忍离开那苦难的，兄弟姐妹，我要帮助他们，冲破黑暗啊，创造光明！”陈寿昌“身许马列安等闲，报效工农岂知艰”，在为人民的奋斗中，早就做好历经艰辛的准备。熊亨瀚则视亡命为寻常，“蹈火归来又赴汤，只身亡命是家常。东西南北路千里，父母妻儿天一方”。陈松山将自己变作“革命的‘铁砧’”，“共产党人意志坚，赴汤蹈火我当先。眼下拷打何足畏，‘铁砧’美名万古传”。刘伯坚“戴镣长街行，志气愈轩昂”，只因为“拼作阶下囚，工农齐解放”。

不是为了自己，而是为了天下的贫苦工农、劳苦大众，共产党人拼尽所有，担负起为人民求解放的重责！

**3. 为革命奋斗终生**

不管是国家、民族的救亡图存，还是人民的幸福、自由，都要通过血与火的战斗才能实现。

中共最年长的“一大”代表何叔衡吟着“神州遍地起风雷，投身革命有作为”，毅然决然地告别旧时代，求索新思想、新知识，投身革命事业。“将肩挑日月，天地等尘埃。何言乎富贵，赤胆为将来。”罗学瓒担负无产阶级革命使命、重任，抛却一切，用自己的坚定、顽强，宣誓自己革命的远大抱负、赤胆忠诚。“自从把命革，此心坚如铁”，雷开元的《就义词》写出共产党人对革命事业的坚定信仰，并在“宁死不背党，同志当共守；坚决跟随共产党，牺牲价值有”中，进一步诠释了他用生命去捍卫信仰、理想的钢铁意志与决心。“我死国生，我死犹荣，身虽死精神长生，成功成仁，实现大同。”赵博生烈士的一首《革命精神歌》，道出了革命者的无畏无惧、高尚理想，也让我们深刻认识、理解，为什么那么多的革命先辈被捕后，宁死不屈也要守住党的秘密，把牢底坐穿也不叛党，面对屠刀高唱《国际歌》慷慨就义……“山歌不是考声音，总爱革命意义深。革命不是取人貌，总爱勇敢杀敌人。”刘自兴的《寻乌山歌》，朴实地呈现、表达了革命年代一批革命者的革命事、革命志。在刽子手把他钉在墙壁上活活打死，胸脯被刺刀戳烂的时候，蔡和森坚贞不屈、英勇殉难，诠释了何谓“忠诚印寸心，浩然充两间”的共产党人的不屈不挠、奋斗牺牲。

“牺牲换人群幸福，革命是吾侪之家。且将点滴血和泪，洒遍天下自由花！”（吴厚观）伟大的担当，让共产党人投身革命事业，安之若素于苦难、奋斗、牺牲的岁月；伟大的信仰，让革命者的意志强大，超越小我、肉体与现实的当下；伟大的使命引领，让中国共产党的优秀儿女，投身于人类的解放事业，以高尚的“利他”情怀，实现从“为私”到“为公”的精神飞跃。

志在高远，心系高远，革命烈士以大无畏的气概，“浩气长存宇宙间，耿耿丹心昭日月”（朱也赤）。

“坚持真理、坚守理想，践行初心、担当使命，不怕牺牲、英勇斗争，对党忠诚、不负人民！”建党精神的宏旨要义，自入党之日起，就已经深深地刻写在每一个党员的生命中，是根本遵循，更是终身追求！

## （九）读懂红色精神的原意

学习《革命烈士诗抄》，就是在回溯中国革命一段段经历、一次次境遇、一个个革命人生、一回回面对与遭遇。在有情、有景，有血、有痛中，传达出鲜活的党史片段，表达出革命者的情操，为实现国家、民族解放，中国共产党人以向远方、争自由的如炬目光，不惧牺牲，战胜了前进道路上一切艰难险阻：不管是政治探索中的颠簸，还是革命道路上的逶迤；不管是现实层面遭受的镇压围堵，还是生命层面经受的生死考验。

再读刘伯坚的《戴镣行》：“戴镣长街行，蹒跚复蹒跚，市人争瞩目，我心无愧怍。戴镣长街行，镣声何铿锵，市人皆惊讶，我心自安详。戴镣长街行，志气愈轩昂，拼作阶下囚，工农齐解放。”想象革命志士如何在世俗的非议中，浴血从容。

刘伯坚的《移狱》，也填补了我们想象的空白，知晓革命者曾在敌人的监狱中，忍受怎样的肉体刑罚、折磨："大庾狱中将两日，移来绥署候审室，室长八尺宽四尺，一塌填满剩门隙；五副脚镣响锒铛，匍匐膝行上下床，狱门咫尺隔万里，守者持枪长相望。狱中静寂日如年，囚伴等吃饭两餐，都说欲睡睡不得，白日睡多夜难眠。檐角瓦雀鸣啁啾，镇日啼跃不肯休，瓦雀生意何盎然，我为中国作楚囚。夜来五人共小被，脚镣颠倒声清脆，饥鼠跳梁声啧啧，门灯如豆生阴翳；夜雨阵阵过瓦檐，风送计可到梅关，南国春事不须问，万里芳信无由传。"

无限的肉体摧残没有击垮革命者的意志，没有轰毁共产党人的信仰。不管反动派用尽怎样的手段，在方志敏的诗里，我们读到了革命人的坚守与意志："敌人只能割下我们的头颅，绝不能动摇我们的信仰！因为我们信仰的主义，乃是宇宙的真理！为着共产主义牺牲，为着苏维埃流血，那是我们十分情愿的啊！"

革命烈士从走进革命队伍开始，就将自己作为身披共产主义信仰战袍的奉献者、牺牲者，为了国家，为了民族，为了人民，在疾风劲雨中，面对屠刀、枪口，他们英勇争先，只待付出！

由此，我们更深刻地懂得了红色精神的原意。

首先，红色精神有着崇高的政治理想和远大的发展目标，马克思主义政党——中国共产党，带着伟大的使命，超越了政党和群体、个人的利益。

其次，在面对亡国灭种、国家危难时刻，中国共产党从创建之日起，已经自觉承担起为中国和中华民族的责任，奋起战斗，争取民族的复兴。

再次，作为无产阶级政党，中国共产党的性质，决定了站位无产阶级立场，为底层贫苦人民争权益、求解放。

最后，为了无产阶级，为了人类的大多数，中国共产党必须以奉献者的立身，抛弃自己的生，成全贫苦大众的生；抛却自身的安逸，成全社会的公平、正义；抛掉个人的利益、安危，成全人类社会的幸福、平安。

"问将为何世？共产均贫富。"为实现人类社会伟大解放的革命理想，融在革命烈士的血脉中，体现为革命的信念、意志与坚强。"哪有打不死的豺虎？哪有推不翻的山岳？你只须奋斗着，猛勇地奋斗着；持续着，永远地持续着。胜利就是你的了！胜利就是你的了！"（邓中夏）血一程，火一程；战斗一程，贡献一程！在万水千山、迢迢路远的征程上，我们看到，中国革命的红色精神，是将远大理想和中国现实相结合，贯彻始终的，是为大多数人的利益，身先士卒地担当，不恤个人奉献，无畏艰辛斗争，永不停歇奋斗的精神！

在开启中国特色社会主义现代化强国建设新征程中，我们记住了革命烈士用生命高唱凯歌而为共产主义事业牺牲。今天，继承革命烈士遗志、传承红色精神，我们为推进、发展中国特色社会主义事业，更应以奋斗的姿态勇往直前！

### （十）对国家、民族和人民的热爱、付出是无条件的

学习《革命烈士诗抄》，同时回望革命烈士为国家、为民族奋不顾身的往事，常常热泪盈眶。而抗日英雄杨靖宇的故事，更是萦绕在心中久久不能忘怀。

1940 年 2 月，杨靖宇已经在深山中被围堵了 5 天，日本鬼子和伪军每天都会上山抓人。日军不让村民带粮食上山，就是怕他们给杨靖宇提供粮食，他们想把杨靖宇活活饿死！

一天，村民赵延喜走到一条山路的拐角处时，眼前出现了一个脸上、手上都是冻疮，棉衣和棉鞋破破烂烂，看上去狼狈、虚弱不堪的人。

赵延喜猜到眼前这个破衣烂衫的人，就是被日本鬼子围堵的抗日将军杨靖宇。只见他依旧站得笔直，有着沉稳的刚毅，他摸出一些银钱，说想高价买一些粮食和棉鞋。

赵延喜看着杨靖宇皮肤上的冻疮，叹口气劝说杨靖宇投降。杨靖宇只是冷冷一笑，目光坚定地说道："中国人都投降了，还有中国吗？"

在赵延喜看来，什么都没有比活命更重要。为了避免自己被怀疑，他接下钱，下山后转头就出卖了杨靖宇。

杨靖宇在原地等着，但最后听到的却是汽车的引擎声。

此时杨靖宇的双脚已经冻得麻木，身上的冻疮更加严重，又饿又冷，额头滚烫。而让他更加痛心却又无可奈何的，是害自己沦落到这个地步的叛徒。

杨靖宇一生为国为民，最后关头却遭受背叛。

杨靖宇下定决心死不投降，就是死，也要拉几个日本鬼子垫背！

于是，杨靖宇拖着冻僵的双腿，奋力地向前跑了起来。最后杨靖宇跑到一棵百年老树下，再也跑不动了。他静静地烧光了身上的文件，坦然面对最后的死亡。

敌人追了过来，将杨靖宇团团围住。杨靖宇昂起头颅，用两声枪响，坚定地选择反击。

一颗子弹打在杨靖宇的左手上，鲜红的血液翻滚而出，炙热而刺眼。但杨靖宇没有屈服，他咬着牙，继续和敌人搏斗。直到胸部中弹，杨靖宇才丢下手枪，壮烈牺牲。

那一天残暴的日军命人剖开了杨靖宇的腹部，他们想搞清楚这个铁血英雄是怎么在山林里面撑过 5 天的。结果他们只在杨靖宇的肠胃里面看到了树皮、棉絮，被震撼得说不出话来。

其实，杨靖宇这已经不是第一次遭受背叛了。他被敌人围困在深山中，是因为在之前还曾遇到过两个叛徒：一个叫程斌，原是东北抗联第一军第一师师长，也是杨靖宇最信任的得力助手；另一个叫张秀峰，曾是杨靖宇的警卫排长，还是杨靖宇亲自将他抚养成人的人！

读完杨靖宇的故事，不禁热泪盈眶。这个写下“既有血，又有铁，只等着去冲锋”诗句，让日寇胆战心惊的抗日英雄，在最艰难的时刻，依然拼尽所有为民族解放而奋斗，最终在冰天雪地中英勇牺牲，没能看到中华人民共和国成立的那一天！

共产党员杨靖宇，用自己无悔的选择，一如既往地在为着民族的独立、尊严而坚守！

1945 年日本投降前，曾有一个日军将领写下遗书后自杀身亡。遗书中写道：“天皇陛下发动这次侵华战争或许是不合适的，中国拥有像杨靖宇这样的铁血军人，一定不会亡国。”

“在中国人民抗日战争的壮阔进程中，形成了伟大的抗战精神”，这就是“天下兴亡、匹夫有责”的爱国情怀；视死如归、宁死不屈的民族气节；不畏强暴、血战到底的英雄气概；百折不挠、坚忍不拔的必胜信念。面对环境的恶劣和日寇的残暴，杨靖宇英勇无畏、血战到底的革命精神正是对习近平总书记总结的伟大抗战精神的形象注脚和说明。

在艰难的抗战岁月，杨靖宇将军，用自己的铁血军人的英雄形象，诠释了什么叫作共产党员的意志！可以身缺衣、腹无食，可以浑身伤痛、肢体残缺！但是中国共产党人对国家和人民的付出与担当，是无条件的！

### （十一）功成不必在我

小时候读《红岩》，也曾为红岩烈士坚贞不屈的革命操守和无惧生死的英勇事迹而感动，但当年还是更多地作为小说去读的，耳熟能详的那首人人传唱的《红梅赞》，荡气回肠、壮怀激烈，经常作为一种心情的抒发、精神的提振，唱完以后神清气爽、豪迈一番。而最近学习《革命烈士诗抄》中一批红岩烈士的遗作，却有了不自主战栗的复杂情绪！

蔡梦慰曾用竹签当笔，用钻木取火烧破棉絮得来的黑灰调水当墨汁，写下了无比珍贵的《黑牢诗篇》。诗中，对当时关押在重庆渣滓洞、白公馆的革命志士的境况，多有形象而逼真的描绘。

身处“禁锢的世界”：“手掌般大的一块地坝，萝筛般大的一块天；二百多个不屈服的人，锢禁在这高墙的小圈里面，一把将军锁把世界分隔为两边。”其间，空气、日光和水，成了有限的供给，“人被当作牲畜，长年地关在阴湿的小屋里。”时间在盼望中一点一点地逝去，心里时常压着“灾难”的预感，苦难圈禁了英雄们的自由。

在非人的环境下：魔鬼们曾用高官厚禄，诱惑勇士，“我给你高官，我给你公司、银行、书店、报馆……”只要选择放弃信仰，就可以“只消一提脚，便可跨过这条铁的门槛。”就可以回到母亲的身边、爱人的身旁，恣肆青春。

经历肉体、精神及意志的考验：革命者经受了难以想象的肉体折磨与痛苦，“热铁烙在胸脯上，竹签子钉进每一根指尖，用凉水来灌鼻孔，用电流通过全身……”敌人不仅用“铁的棍子”“木的杠子”让革命志士“皮肉烧焦”“筋骨折断”，还想方设法地以“老虎凳”“鸭儿浮水”“水葫芦”“飞机下蛋”等凶残刑法，让“人底意志呀，在地狱的毒火里熬炼”。

听到了革命胜利的消息：聚集在每一个新来的革命志士周围，急切打听着“哪一个村，哪一座城，已掀起解放的巨浪！”放风场上，在悄悄地、心领神会地传递胜利的消息“来自火线上的人，传播了斗争的捷音：——东山坡呀，——西山坪呀，人民已经翻了身！”于是，“每一双眼睛放着亮，每一个脸颊发着光，火呀，在深心里熊熊地燃烧……”

准备革命胜利后的新工作、新作为：聚集起来，再拾革命“斗争的武器”——“用黄泥搓成的粉笔，在地板上写出了讲义，你，是学生，也是教师”，“毛泽东的话呀，又一遍在心里重新记忆，再一遍在心里仔细温习”，并开始进行灵魂上的自觉清理——“趁着新建的花园完工之前，你，向自己的弟兄，赤裸出深藏的灵魂和躯体，看哪里还有暗迹，看哪里还有污点，进入那圣洁芬芳的田园地呀，谁，好意思带着一身垢腻！”

在一边是即将到来的革命胜利，一边是敌人走向末路、变本加厉的凶残中，革命志士等待着“自己的弟兄，用枪托来把牢门砸开”，坚持以坚决、顽强的斗争，直面黎明前极端的黑暗。

在陈然烈士留下的一首《我的“自白”书》中，我们读到为真理的义无反顾和不怕流血、不惜牺牲的奋勇：

任脚下响着沉重的铁镣，
任你把皮鞭举得高高，
我不需要什么自白，
哪怕胸口对着带血的刺刀！

人，不能低下高贵的头，
只有怕死鬼才乞求“自由”；
毒刑拷打算得了什么？
死亡也无法叫我开口！

对着死亡我放声大笑，
魔鬼的宫殿在笑声中动摇；
这就是我——一个共产党员的自白，
高唱凯歌埋葬蒋家王朝。

以信念的崇高、坚毅，信仰的坚定、坚守，在渣滓洞、白公馆当年残酷的斗争环境下，革命志士荡气回肠地写就了“崇高思想境界、坚定理想信念、巨大人格力量、浩然革命正气”的“红岩精神”！

但是，在心中满怀希望，身受极端镇压的复杂境遇中，许多革命志士最后还是没能走进革命胜利的曙光！虽然，中共川东特委青年宣传部部长许晓轩曾翘首以盼，“相逢狱里倍相亲，共话雄图叹未成。临别无言唯翘首，联军已薄沈阳城”（《赠别》）。虽然中共重庆沙磁区特支书记刘国鋕曾欢欣鼓舞，“同志们，听吧！像春雷爆炸的，是人民解放军的炮声！人民解放了，人民胜利了！”（《就义诗》）身陷囹圄、始终没有暴露身份的新四军干部文泽，在一个深夜“突然，一只粗笨的魔手，把他从噩梦中提出”，“立刻，他明白了，是轮次了”（《告别》）。

有“疾风知劲草，抱璞守忠贞”的守持，有“落帽秋风易，牺牲革命常”（罗世文：《为〈爝光〉停刊》）的准备，在“锒铛频向窗前望，几日红军到古渝”（黎又霖：《狱中诗》）中，还秘密缝制了五星红旗……但一大批红岩先烈，没能和自己奋斗一生的革命事业一起走进胜利，而倒在了重庆解放前夕！

“线儿长针儿密，含着热泪绣红旗。热泪随着针线走，与其说是悲不如说是喜，多少年多少代，今天终于盼到你。千分情万分爱，化作金星绣红旗。平日刀丛不眨眼，今日里心跳分外急，一针针一线线，绣出一片新天地。热泪随着针线走，与其说是悲不如说是喜，多少年多少代，今天终于盼到你。”一曲《绣红旗》写尽了“江姐”们当时悲喜交加的心情：红旗上，绣的是她们至真至纯的期盼，是她们无怨无悔的跟随，是她们愿为来日的胜利奠基，是“我以我血荐轩辕”的壮烈！

壮士功成身先去，未见黎明泪满裳！罗世文、车耀先牺牲于1946年10月18日；陈然牺牲于1949年10月28日；黎又霖、许晓轩、蔡梦慰等一批红岩革命先辈，在重庆即将解放的1949年11月27日深夜，被国民党特务屠杀……

今天，读起车耀先的《自誓诗》：“喜见东方瑞气升，不问收获问耕耘。愿以我血献后土，换得神州永太平。”忽然间懂得了“功成不必在我”的深刻含义！

而成就民族伟大事业之功，始终属于党，属于国家，属于人民！当鲜红的党旗、国旗高高擎起，那就是革命先烈们的热爱、欣慰、祝福在高高飘扬吧！

### （十二）结语

学习了100多首革命烈士诗词，也走进中国共产党建党以后到中华人民共和国成立前夕的28年中共党史。经过第一次大革命的生死考验，经过两万五千里长征的伟大战略转移，经过全民抗战的艰苦卓绝，经过解放战争的所向披靡，奋不顾身、英勇前行的一代一代革命先行者，把自己的生命化作诗情、诗韵、诗魂，吟出中华民族从积贫积弱走到强大的宏伟历史篇章。

我们看到了为国家、民族担负苦难的先辈；看到革命志士在艰险境地、生死考验中，在长年累月行军打仗的劳顿、艰辛中，勇敢无畏地直面强敌在前、大战在即，直面战火纷飞的战场。这许许多多的革命先辈；正是“人生自古谁无死，留取丹心照汗青”的现代文天祥，用血肉写就伟大、壮烈的英雄之歌、生命之歌，吟出一首首激动人心、撼人心魄的文学篇章、革命史诗。

# 第四部分　共识篇

# 一、以阅读定位、涵养、提升国民素质和政协委员履职水平与能力

如果说，在传统报纸、杂志之外，传统电子媒介——电影、电视、广播，已经让大众传播媒介大面积嵌入我们的生活，那么互联网则将信息的即时互动、海量的信息搜索等，深度带入我们的生活中。21 世纪，借助技术加持、数据为王，人类正面对一个日臻完备的“线上”空间：从早到晚，人们用手机查看新闻、获取资讯，进行线上交流、互动等。

人类因新媒体技术的进步，适时地进行文化建设方式、方法创新，同时，在信息获取方式改变，如阅读电子书、听书日益成为人们学习的新选择时，对传统纸质图书的阅读，是否还有存在的必要，成为一个值得探讨的话题。

下面以纸质图书的阅读为例，阐述阅读具有的重要社会功能和作用。

## （一）以阅读定位

在信息纷至沓来的时代，我们需要以个体阅读的方式使自己不迷失，需要分领域持续、完整地阅读，整合好知识，不断提升与成长。

## （二）以阅读涵养人

新的信息技术进步扩大了人类认知的视野，更新了学习知识、积累经验的方法，重构了线上社会、文化场景和空间。“大数据”“物联网”“人工智能”等必将进一步加快人类信息供给速度和增加供给量。一方面是信息结构的文化空间已经形成；另一方面是人类信息接收、感知器官——大脑的信息吐纳存在有限性。人类不能只接收不感知，只感知不判断，只判断不决策。在“乱花渐欲迷人眼”的信息海洋中，阅读，是人留给自己生命涵养的空间，在与书本的自由对话中，以沉浸、咀嚼、回味、容纳，养人之智、人之性、

人之心，并培养人的定力和耐力。

### （三）以阅读提升国民素质

“腹有诗书气自华”，阅读能供养人的精神与灵魂，一方面能以智慧相授、创新激发；另一方面“以文化人”提供个体文化遵循与自律。倡导全民阅读，既能促进国民在知识积淀的基础上，增强对内心、外界，以及个人和社会的综合理解、把握能力，同时，也能促进全体人民提升文化、文明素质。

# 二、“兼济型”读书并做“兼济型”读书人

2020年2月20日，全国政协履职移动平台“防控疫情读书会”上线。这是一次重要的国家文化实践活动。对于很多不能亲赴一线的政协委员来说，在紧张关注全国抗疫并及时提出针对性建言、提案的同时，是一次为提高资政水平的及时和先行补缺。此次读书活动，一是补充防控疫情相关知识、理论，对委员是一次专题性的学习、培养；二是促进委员资政素质、能力的提升，以把委员队伍建设好；三是增强委员建言意识、水平，以为国家服务好；四是涵育精神、视野、素质，以为国家治理体系、治理能力现代化进行探索和实践。

因此，对“最能读书”也“最能读好书”（汪洋主席语）的群体——政协委员来说，怎么读书、做什么样的读书人，就有了特殊要求和特别意义。读书可做以下划分。

## （一）根据读书的目的划分

### 1. “工具型”读书

人们因为临时或短期的学习、工作任务需要而读书。比如，学生在校学习；专业研究人士为完成项目或论文，阅读参考书目；为解决一个眼下的问题，阅读专业书籍释疑解惑等。这样的读书，主要归因于完成具体任务，更是一种工具式的读书。

### 2. “独善型”读书

人们基于自己的个人兴趣和修身养性的需要而读书，比如，喜欢传统文化的人，长期沉浸在古书籍中；对哲学情有独钟的人，每每沉浸在中外哲学书海中。这样的读书，归因于志趣，归宿在个人的身心愉悦。

### 3. “兼济型”读书

着眼为他人、社会所用，一方面长期博览群书以做准备；另一方面随时

活学活用，将所学知识用于社会实践。这样的读书人，秉持“达则兼济天下”的人生理想，常为社会实践的推动者、践行者。这类读书，归因于成就“大写的人”，归宿在实现广泛性、系统性的功利需要——为社会贡献知识和主体的力量。

### （二）根据读书人的社会表现划分

**1. 书架型**

喜欢读书，博闻强记，且有丰富的知识积累，但是缺少结合现实的理解和把握。往往读而不述，就像是“移动的书架”“活着的字典”，是把知识存于自己脑袋里的人。

**2. 学者型**

因为兴趣或专业需要长期读书，对相关知识、理论，有触类旁通的理解和深入把握。能够在长期的坚守和研究中，成为某些领域的“知识、理论建设者”。他们常常是能“把文章写在书斋里”的读书人。

**3. 兼济型**

与“学者型”读书人类似，因兴趣或专业等需要而读书，但因行为取向是为社会服务，为应用于实践而读书。所以在长期的理论学习、把握方面，追求成为“知识、理论的应用和实践者”。这类读书人的最大成功，就是“把文章写在社会实践中”。

而作为要为国家、社会进步、发展的高水平建言献策的政协委员来说，我们的读书，应该是“兼济型”读书，将服务社会的理念贯彻于读书全过程；应该成为“兼济型”的读书人：从理论到实践、从实践再到理论，追求把文章写在为国家、民族履职尽责的实践中。

# 三、一次重要的政治、文化涵育实践

2020年2月20日，全国政协移动履职平台“防控疫情读书会”上线。跟着读书会一起读《病毒来袭》《逼近的瘟疫》，每天发布读书感言并参与导读，收获颇大。

下面笔者从线上读书是什么、委员怎样读书和读书目的三个方面，谈一点粗浅认识。

## （一）“读书会”是什么？

政协线上读书，是高度、精度、广度、实度和新度兼备，高规格、高水准的一次政治、文化涵育实践；对政协委员而言，是疫情防控期的一次特殊文化经历，一次宝贵、重要的履职活动。

这次线上专题“读书会”有以下特点：

**1. 针对性**

（1）在疫情胶着期开办，最适合线上读书。

（2）书目能提供疫情防控所需知识、理念、工作体系与机制、发展现状与趋势等。

（3）政协委员关于疫情的基本知识、理论，相关思维、认识等需要补缺、调整。

**2. 涵育性**

（1）让最会读书的群体把书读好。

（2）补充知识、涵养心智，把委员培养好。

（3）让委员“开窍”，涵育建言献策素质、能力，把委员队伍建设好。

（4）培育委员高质量建议、提案素养，以为国家治理体系现代化做出贡献。

**3. 引领性**

政协领导亲自指导、一一点评，悉心指导委员读书。引领委员：

（1）将站位和视角转向国家、社会建设与发展。

（2）将着力点从内到外，从个人到社会，从专业到复合，从书本到实践进行转变。

（3）让委员提升客观认知、理性思考、系统思维、紧贴现实、科学务实的素质、能力，助力建言献策。

## （二）委员应该怎样读书？

根据不同目的，笔者把读书分为“工具型”“独善型”“兼济型”；把读书人分为“书架型”“学者型”“兼济型”。

通过读书会，笔者认为：①政协委员应着眼为他人和社会，以“兼济型”读书；②要做“兼济型”的读书人：努力在专业、综合的结合处，“把文章写在为国家、民族履职尽责的实践中”。

## （三）委员读书的目标是什么？

笔者认为委员读书的目标应追求养“五力”：

（1）养心力：深厚思维和敏捷才智；

（2）养信力：信仰坚定；

（3）养定力：处变不惊、把握自己；

（4）养功力：建言献策的功底和能力；

（5）养魄力：更深刻地懂得责任、学会担当，临大事不乱、直面挑战、决策果断，追求以匹配的素质、能力当好政协委员。

# 四、用好大数据技术，助力国家治理体系和治理能力现代化建设

一个月来，读《病毒来袭》《逼近的瘟疫》两本书有很多收获。尤其是其中的一句话使我难忘："谁将是最终的赢家？是流行病将横扫人类，毁掉数百万条生命，还是科技将策马前去，拯救人类？"

3月16日，习近平总书记在《求是》杂志上发表《为打赢疫情防控阻击战提供强大科技支撑》的重要文章，强调："人类同疾病较量最有力的武器就是科学技术，人类战胜大灾大疫离不开科学发展和技术创新。"学习总书记的重要指示精神，笔者以"用好大数据技术，助力国家治理体系和治理能力现代化建设"为题，谈一点体会和认识。

笔者在读书会导读的《病毒来袭》第十章《大数据时代的流行病预测》，谈的是如何基于现代信息传播技术，结合大数据应用，提前做好流行病预测方面的内容。对于现在来说，距离此书2014年在中国出版已经过去了6年，而距"大数据元年"的2013年已经过去了7年。7年间，我国的科技水平有了大幅提升，网络技术的快速进步和应用发展，使中国成为全球大数据应用方面的大户、强户，尤其是云服务、大数据和人工智能技术等创新科技方面，已经领先全球。

在这次防控疫情中，除了"最美逆行者"——医护人员以外，大数据应用更加引人注目。我国数字基础设施的先行建设，中国社会智能手机使用的超高普及率，以及政府对大数据资源超强的调动能力，使大数据应用融入并体现于防控和复工、复产、复学等工作的方方面面。

抗"疫"一线，疫情评估、疫情分布图、趋势监测、排查筛查、流调统计、接诊救治等环节都有大数据的身影。信息传播中，央视新闻等媒体发布实时疫情信息数据；主流媒体、社交媒体为重症患者就医、医疗设备器材不

足等提供数据集成、服务对接。居民生活方面，在线预订口罩，扫二维码非接触方式等成为最熟悉的场景；线上查找周围小区有无确诊病例、所乘坐交通工具是否有感染者，便民大数据应用相继开发，而显示一个人过去一个月行动轨迹的行程码，普遍应用于基层社区疫情防控中，成为政府、企业及服务机构认同的通行码。

大数据在这次防疫、抗疫工作中，无所不在、作用巨大。但是，正如汪洋主席曾经指示的那样，“这次对疫情判断中，信息部门通过手机区位，报告了武汉出去了多少人、在哪地，对防控起了积极作用。但现在各种信息平台都占有与疫情相关的数据，如何集中、整理、分析，是下一步提高疫病防治能力和建设更加完善制度的基础性工作。应当解决相关信息不能共享的问题。”

党的十九届四中全会提出要加快推进国家治理体系和治理能力现代化建设。建好“数字基建”，用好大数据等新技术、新方法，也是其中的重要内容。为此，一方面要鼓励如便民大数据平台在战“疫”后的进一步创新和使用；另一方面要围绕存在的问题，如汪洋主席所说的数据不能共享问题，很多人吐槽的数据多次搜集问题，个人隐私信息被调用造成安全问题等，一一加以解决。应在进一步规范信息收集、信息应用、信息共享等，更具指导性并具法律约束性的条款框架内，加强、改进政府各部门、各平台企业以及不同应用主体之间的协同、合作，努力实现大数据技术在中国社会治理体系中高质、高效地运用。

# 五、我们的承受力准备好了吗

这次疫情，考察了中国制度的优越性，考察了人类命运共同体建设的必要性，考察了人类共同卫生防疫体系建设的艰难。

不管西方国家如何否认、诋毁，此次战疫使中国客观上成为此次疫情中全球公共事务的有力、积极的担当者。

在常态防控疫情的同时，历经停工、停产，中小企业的生存，经济发展指标的实现，就业、民生状况的稳定，扶贫攻坚任务的最后完成，社会公共卫生和国家重大灾难应急应对体系的亟待完善……风险重重，困难重重。

作为负责任的大国，我们在国际上需要担当，这是走向复兴之路的中华民族应有的姿态。同时，通过疫情，我们也看到担当不仅需要胸怀，还需要不断增长并强大的实力——中国的经济、国防、社会、文化建设等都不能放松；担当需要勇气，担当还需要承受——所以中国社会的建设和发展必须有足够的韧性和张力！

我国在经济、军事、外交、社会、文化等建设和发展方面，是否能经得住大风大浪的考验？是否存在一击即破、即垮的脆弱部分？包括我国各级组织机构和国民，是否有大国自觉，在面对非议、面对攻击、面对险峻、面对复杂时，能否立足自己的本职，处变不惊，从容、扎实地做好分内的事。

习惯大国身份，直面所有问题。我国国力的增强，始终都是依靠党的领导、科技助力、人民奋力才得以渐进积累。今日的中国，没有选择，唯一要做的就是以更加积极、智慧、强有力的政策、措施，在继续改革开放、推进“一带一路”的建设中，立定心神，使国家、国力、国民的承受力持续提升、强大。

# 六、关于创新中国建设的一点认识

从20世纪70年代末经济濒临崩溃的边缘，到改革开放、经济快速发展，再到大国崛起，中国以新兴大国的实力、形象，让国际社会为之惊叹，国人在自豪之余，需要更加珍惜和谨慎思考如何更好地推进中国未来的发展。

## （一）中国社会的创新潜力需要激发

5 000年的华夏文明史和长期的封建农耕史，使得我们虽然有“四大发明”等伟大、辉煌的创造，但总体来说，中国还不是以科技为优势、以创新为突出特征的国家。比如，在继承和创新间，我们更讲求继承，创新也是缓式而非激越的；在“稳”和“进”之间，求“稳”常常放在第一位，以至于成为中国社会对人及工作评价的主要取向和标准，比如，用人、做事宁愿舍弃勇于创新、探索的能力，而选择无为而治等。

## （二）创新发展得到党和政府的强力推进

20世纪末，我们的科技崛起，开始赶超世界先进国家的水平；21世纪的中国社会，网络科技迅猛发展，当突如其来的重大疫情发生时，科技助力了14亿人的防控和复工、复学解决方案。

这与我们党对科技工作的始终强调、重视和强力推进是分不开的。科技强国是推动社会进步的一贯宗旨。1988年9月，邓小平在全国科学大会上提出“科学技术是第一生产力”的论断，党的十七大把改革创新作为时代精神的核心，再到十八大、十九大，站在新的历史起点上，以习近平同志为核心的党中央，更加有力地推动我国朝着创新型国家的方向努力。

## （三）创新发展要放在宏大视野下认识

科技引领中国未来的发展，这是顺应当下知识经济时代发展趋势的选择，是我国社会进步的客观规律，是提升国力、增强国际竞争力的发展必然，是大国崛起、实现民族复兴大业的发力使然。

创新引领中国全方位的发展已经成为现实。站在政治使命高度，在历史、民族的延长线上，为 14 亿中国人谋幸福和未来的角度，创新发展是优势也是重点，是政策也是方向，是理论也是实践，还是氛围、环境，以及方方面面、实实在在的工作推进。

### （四）建设创新型国家需加强社会的自觉和自发

当前中国的科技进步和创新发展有目共睹，这得益于党和政府的政策推进，社会科技发展的快速进步，以及改革开放后中国市场的竞争搞活等。我们在加紧推进科学、技术领域的研究、开发、应用的同时，还应做好科学文化的建设等，以使科学精神、创新取向在全社会落地、生根。

首先，要将与科技发展同步的科普工作落到实处。我国的科技进步，尤其在与工作、生活密切相关的网络技术、大数据技术、智能移动通信技术等，被广泛地应用，但国民科学素质并没有同步跟上。需要让国民了解国家的科技进步成果，普及相应的科学知识，设置与科技进步同步的学习、认知场景，提升国民的科学认识水平，培育科学创新精神和素质。

其次，要强化科技创新的社会环境建设和氛围养成。创新是每个个体的本能，需从外激发、从内激活。所以，需要建立必要的体系、机制，鼓励创新、支持创新。

最后，要根据社会变化、时代要求，创新人才培育体系、机制。除在幼儿园、中小学进行创新素质培育外，在大学，应面向当下和未来创新中国的需要，加强对具有系统性思维、创造性思维和实践综合创新素质、能力的创新型专业人才培养，及时、灵动地进行人才培养内容、体系，以及方式、方法的调整、改进。当下，我们要利用好新媒体等支持的沉浸式体验方法，建立创新人才的日常培育情境；用好社会协同、嵌入方法，促进人才在学中实践、在实践中学的专业培养路径；用好“行业（机构）+教育”（线上、线下）社会合作新的教育形态，助力创新人才培养的社会协作培养方式等。在当前国际合作培养高科技人才模式可能遭遇困难的情况下，建议通过相关体系、机制的建立，借助具有国际影响力的中国企业力量，开发并发挥重要企业参与国家高科技创新人才培育的功能、作用。

只有建立、提升整个社会内在、深刻、源源不绝的创新活力和能力，创新中国才能稳健而长久地屹立、发展，且不断强大。

# 七、写在政协第一个线上读书群即将结项之时

2020年2月20日上线，政协领导亲自指导，永新副秘书长组织的全国政协第一个线上读书群就要结项了。这是一段充实而每天有快乐和盼望的日子。3月23日线下读书活动前的第一阶段，每天等着永新副秘书长和不同委员对《逼近的瘟疫》《病毒来袭》的导读，特别等着看汪洋主席每一次给予的点评；第二阶段读书走向了《生命的法则》《人类的终极问题》，早晨起来的第一件事就是收听委员发言，晚上临睡前的最后一件事，也是收听委员发言。

此次读书会，在我看来，是一次高规格、高标准的文化涵育实践，因为有汪洋主席的亲自指导，全国政协委员有组织地集体上线，在疫情带来诸多不确定性的时候，政协委员这个群体，一边积极地建言献策，一边集合起来共同提升。何止是读书，在政治、文化、社会方面的价值和意义，对于政协的建设，对于政协委员队伍建设和履职等，其深远和潜移默化性，且听分解。

此次读书活动，是最能读书、也最能把书读好的群体——政协委员一起共读。从每本精心选择的书的内容，到相关理论和社会实践的讨论；从现实发展最需解决的问题（新冠疫情是最核心的面对）到宇宙、自然、生命的本质、哲理思考，再到军事、经济、外交、社会等战略全局、战术前瞻的热议；从阅读、思考，知识分享、观点碰撞，专家解读、大家带领，到委员眼界的拓宽、社会发展热点问题的聚焦、建言献策的履职……何止是几本书，两个月里，委员读书群把阅读的视野拓展到大千世界、芸芸众生，延伸到古往今来、国计民生，深入到人与自然、人与生命、人与社会的最深处，切入中国如何应对困难、挑战，解决一一到来的棘手问题，智慧处置大国崛起的危机。

何止只是阅读，还有各界精英、专家的高见，以及不同角度和专业的指点。两个月里，经过汪洋主席的点评，感知政治家的远见卓识、深谋远虑和政治境界；两个月里，得益永新副秘书长的导引有方；两个月里多少领导和

委员站高望远激荡、真知灼见飞扬……

跟读学习，何其幸哉！置身其间，见眼界、见心胸、见卓越、见境界……

亦是为国履职，大义微言；纸短言浅，不敢点名。委员读书，此赞云：

雍容于一脉从容，殷勤引路众委员阅读；大家气魄，隐身学问深邃处，每发言必是锦绣珠玑。

才情横溢，学富五车；文章有格，出于胸襟；心怀八极，勤奋落笔；信手拈来，纵横文章典故；随意泼洒皆是才思泉涌、文采飞扬，且寓真情、真意、真理于现实关注。

冷静理性，深刻如椽；亦文亦武，转圜自在。胸有江河湖海，洞悉世间万象；力透表象，直达本质，力透事态，直达根脉。

世间万物皆在我心，万般变化全在掌握，有一份看尽千帆、千变万化都是根系的沉着——世界发展不过是幻化了的万千形态，来龙去脉，且看大国博弈。

致敬国之栋梁，专业领域声名远扬；致敬饱学之士，无关阅历，依旧赤子心性；连起堂间线上，一相遇便是鸿儒谈笑，阅读因为国与民，心系国富民强；噫嘻，众委员议大国策，进退有据，还道平常。

# 八、政协读书：“学思践悟”见真章

政协线上读书活动2月20日开始，到现在已经9个月了。从试水，到第一期11个读书群正式上线，再到第二期12个读书群次第盛放、火力全开，第三期再换（续）12个事关国计民生、委员履职的读书群……开始时我所认为的是一次重要的社会文化涵育实践活动，如今已成为政协工作的重要组成部分，成为政协委员的履职内容和行为，成为汪洋主席领导的第十三届全国政协的特色环境、内容，成为政协人以“书香政协”的学思践悟体现内涵建设、全员参与、激活能量、稳健发力的政协新面貌、新追求！

政协读书不是一般的读书，是理论与实践，学养与见地，责任与履职，以及智慧才能与经验积累等相互交融的高水平学习、高标准培育、高要求带动。

跟随学习，收获良多！置身其间，感悟良多！各路大家，各种精彩，“书香政协”确是“见真章”的地界！

## （一）真学否？书就在那，见真章

从《病毒来袭》《逼近的瘟疫》《生命的法则》，到后来11个主题读书群各有选书，再到当下主题读书群读书以外，特别辟出“政协读书漫谈群”的不拘书本（可谈任一书、荐任一书、发任一议论），基于政协特质和功能，最大可能地挖掘、激发每一位政协委员的智慧才能与见识，“书香政协”对委员提问：现在读书了没？过去读书了没？一直读书了没？只要委员参与，总可表达一二。书就在那儿，学不学，真学否，是体现，也是督促，真正读，真正学，才是真章！

### （二）真思否？大家就在那，见真章

很难有一个平台集成了各行各业的顶级专家、杰出人才，政协委员中藏龙卧虎。“书香政协”铺垫的不仅是有重点、有指向的学习和提升，还搭建了“聚贤厅”——让委员在读书中相互结识、主题交流、思维碰撞。常有委员纵横捭阖、激扬文字，所以常见火花四溅的思想激发、交融；有朱永新、蒋作君、陈来、吕忠梅、张连起、丁元竹、王震中委员等，任多少专深问题都能线上请教、直接获答！还有第三期漫谈群群主吴尚之、丁伟委员邀请、调动尽可能多的委员，以及整合往届政协委员及各领域顶级专家，以系列专题、专栏形式，进行互动——陈薇、付巧妹、田青等都已名列其间。进一步扩大读书委员的参与范围，向政协体系深处连接：不仅作为试点，湖南、浙江政协进驻全国政协读书平台，还在漫谈群中，专设湖南、浙江周——主题特色之特别、委员讨论之火爆，一再掀起学习小高潮！读书、学习前有没有思考？有没有深入思考？思考是否到位？思考有无关联社会现实？大家在那里！参与交流即能见真章！

### （三）真行否？群就在那，见真章

政协读书不仅是政协工作新内容、政协委员再培育，更是要通过读书，达成政协工作上台阶、上水平，使政协委员建言献策高质量、高水准。在事关国家、民族的大是大非面前，立场坚定不动摇；在关注国计民生、重点问题建诤言、献良策中，目标清晰、对策可行；在履职尽责、担负使命方面，主动融入、务实作为……“新时代提案工作”读书群引起领导的关注、称赞，是因为“书香政协”落点是在履职实践处；5G、人工智能、数字经济，委员参与的热情丝毫不减，每个读书群都是专项实践的协商资政群，学到的要践行，建言的能践行，方为真章！

### （四）真悟否？政协就在那，见真章

建设“书香政协”，是为了适应国家治理体系和治理能力现代化建设要求，要促进政协及委员增强政治把握能力、调查研究能力、联系群众能力、合作共事能力；要培育“懂政协、会协商、善议政”，“守纪律、讲规矩、重品行”的政协委员。其中的读书、学习起点高、规格高、要求也高。要学习党和国家的方针政策，学习政协理论，提高建言献策的素质、能力；要读书、

思考、发言；要互动交流、主动提问、积极建言……渐进、动态、开放的专题读书，自由表达、热烈讨论，正在不断地走深、走实、走前，并入脑、入心，转化为政协工作及履职能效。“书香政协”，委员们置身其中，需要深刻体悟，强化责任担当，坚持为国履职、为民尽责。在凝心聚力、决策咨询、协商民主、国家治理一线，自觉、深刻地体悟，这才是真章！

# 九、委员履职能力

## （一）委员履职能力建设与凝聚共识

在双向发力中，凝聚共识甚至比建言献策还重要。笔者的认识是：

（1）凝聚共识是时代发展提出的要求。面对历史大变局，国家、民族的命运，需要坚定地掌握在我们自己的手中。因此，思想认识要统一到党中央的政治纲领与决策部署上来，要以共识集合全民的意志。

（2）凝聚共识是大国崛起提出的要求。从站起来到富起来，再到强起来，新中国70多年的建设史，就是从积弱积贫，走向生活富足无忧，再走向实现强国梦的砥砺前行。21世纪中国的角色及身份认知，需要开阔更大的视野、站在更高的平台，形成新自觉。因此，要以共识开始新担当。

（3）凝聚共识是社会发展提出的要求。层出不穷的新技术，在5G、大数据、人工智能等技术的支持下，获得科技无限的新动能。中国在这一轮文明革命中，有幸位居有利位置。因此，要以共识整合、汇聚全体国民的力量。

## （二）缩小距离，促进政协委员成长、履职

对照中央政协工作会议精神，作为政协委员，肩上有一份沉甸甸的责任和使命感。同时，也引发了一定的“本领恐慌”。因为我们处在百年一遇的大变局中，而疫情的发生，并没有改变我国处于重要战略发展期的基本判断。

仔细研读习近平总书记的重要讲话精神，领会汪洋主席对十三届政协工作的创新要求，更好地担负新时代政协委员的使命，提以下几点建议：

（1）缩小与党和国家大政方针的距离。政协委员必须及时领会、掌握国家大政方针，有针对性地精选相关政策、法规，在履职平台数据库的基础上，推荐给相关委员学习。

（2）缩小与社会实践的距离。组织并精选有需求的政协委员，到有关部委或单位深入参与相关工作，开展调研活动。

（3）缩小与政协委员职责的距离。建立委员履职工作台账，对履职优异者，在履职平台榜单上张榜公示。

缩小以上距离，有利于作为国家社会治理体系、治理能力现代建设重要成分的政协工作，能更好地发挥最大作用。

### （三）以改革思维、创新理念、务实举措推进政协委员履职能力建设

政协委员的履职能力建设，在政协工作中是关键之关键。在中国特色社会主义的各项事业全面提质增效的时候，政协委员履职能力的强弱，直接影响到政协发挥作用、形成影响、实现效能，影响到政协组织在中国政治架构、体系中的定位、认知与价值。为此，各级政协要围绕党和国家的中心任务，围绕国计民生，主动、积极地工作，推进全体政协委员站位大局、全局，实现建言献策、凝聚共识能力的不断提升。

怎样工作才能提高政协委员履职能力？这是个仁者见仁、智者见智的问题。推进委员履职能力建设工作，确实需要在改革思维、创新理念、务实举措上积极作为。

#### 1. 将改革思维运用到培养履职能力建设中

对过去工作进行局部和整体调整、改革，对于当下中国社会所有工作的向前推进，具有重要的价值和意义。面对历史大变局带来的国际环境、位置、力量对比等的变化，习近平总书记在2020年中国国际贸易交易会全球服务贸易峰会致辞中说：要“以坚定的步伐走出人类历史上这段艰难时期”，政协委员不能旁观，而是要团结一致、凝心聚力，在国家、民族的重要发展阶段，走在前列，发挥作用。

发挥政协作用，不是空喊口号、满怀热情就行，也不是仅仅深度融入、积极参与就行。新时代、新使命、新任务，提出工作新要求、新面对、新标准。对于政协委员来说，要与党和政府提出的大政方针同心同德；要对委员的职责、功能有深刻的自觉体认；要在群众中发挥正面带头作用；要对履职尽责有主动深度的担当。此外，要更好地理解党和政府建设、发展的意图；厘清既有政策法规，结合专业知识和见识，深刻分析问题并提出切实可行的建议等。在当前诸多不确定性带来变动的时候，需要委员有机、有力、有效

作为。当前委员履职能力建设，已经成为政协工作紧迫的一项任务。

在以上环境、条件、要求下，政协更需要以改革创新思维推进做好政协委员履职能力的建设和提升工作，将改革创新思维运用到政协开展委员履职能力建设的具体工作中。在笔者看来，首先从思想认识深处进行以下认识：

（1）惯于悦纳变化，拥有接受日新月异时代的开放心态。“变化是常态”，当下人类社会已经进入“快速变化”的阶段。5G 等新技术的发展，需要我们拥有开放的胸襟去悦纳变化，而不是因拒绝变化选择故步自封。

（2）敢于接受挑战，有走出舒适区的勇气。变化和不确定性，都对人类提出了更多、更高的要求。5G 技术之争，是未来发展之争。各国技术各自精进，但是，作为发展中的中国，我们必须迎难而上。随时打破舒适区，是今后改革应有的思维、特征和勇气。

（3）勤于学习新知识，有突破旧有工作模式的准备。这是一个新的时代，人工智能的发展加剧了人类学习的重要性和紧迫性。而新时代的学习，不但是跟书本学，跟经验学，还要跟新技术学。在笔者不成熟的认识里，确实有几个新的维度需要兼容并蓄：有人人参与表达、互动的众智文化维度，有网络超链接架构、搜索引擎等集聚的集成文化维度等，要勤于学习，要做好思维更新和打破旧有工作模式的充分准备，一方面拓宽思维的宽度、深度、容度和新度；另一方面应将众智、虚拟平台、人工智能等新知识与时俱进地融涵进来。

**2. 强化履职能力建设中的创新理念再建设**

创新是渐进的更新，是新事物的创造，是量变到质变积累的改变和跃升。创新是人的本能，也是社会得以前行、进步的动力。在改革创新思维的基础上，面对百年未遇的历史大变局，面对第二大经济体的大国定位、站位和发展目标，政协工作的推进，需要以新的认识、观念和思想，突破既有工作的藩篱与惯例，拒绝拘泥、固守于“温吞水”式程式化的重复、守成，追求建立“日日新、苟日新”的工作新机制。

不断创新、追求卓越，要成为政协工作的目标。作为当今世界第二大经济体的中国，在 2020 年应对重大突发性公共卫生事件中的表现及成绩，让人们看到了社会主义制度的优势，但我们必须清醒地意识到，作为中国政治制度重要组成部分，人民政协的制度建设及其工作开展，必须敏于观察时代的变化，贴近国家、社会对政协工作提出的新要求，主动完善、更新实现自己独特社会功能的新模式、新方法、新路径。具体工作中需要做到：

（1）培养感知力，敏于识变。开展政协工作，需要有敏于感知形势、环境变化的能力，需要培养自己对国际、国内形势变化的分析能力，对党和政府大政方针的解读能力。

（2）养成应对力，长于应变。对于政协工作来说，如何敏于应对，培养精准的应对力，是我们工作中必须予以不断加强的。政协不仅要能够应变，而且要长于应变，在主动适变、应变过程中，不断增强对变化的应对能力，提升创新水平。

（3）提高承担力，善于改变。由于时代的巨变，当前既有规则很难再给予人类社会以完善的保护。当下对国际社会的动荡，人类必须有足够的心理准备。对于政协工作来说，需要及时加强对环境变化的心理准备，需要提高工作承受力，以善于改变，主动提高自己的创新实力。

（4）形成变化力，乐于求变。如何将5G、物联网、组织状态——如线上线下融通等，嫁接到政协工作中去？一方面，要在思维上形成自觉创新意识；另一方面，将新基础、新平台、新手段相结合，运用到日常工作中，建设好政协工作的创新框架。

# 十、提案工作

## （一）提案工作之变与不变

学习了《做好新时代人民政协提案工作》第三章“把围绕中心、服务大局作为提案工作的基本原则”之后，对人民政协及委员提案工作有了“不变”和“变”的两种理解：

**1.“围绕中心、服务大局”是人民政协及委员提案工作的“不变”坚守**

作为中国社会治理体系的重要组成部分，政协是担负民主协商的专门组织机构。围绕党和国家的中心任务、工作大局，开展建言资政、凝聚共识工作，是政协的政治立场、历史使命和社会职能。作为成立70余年的人民政协的基本遵循和始终坚守，因为始终能“围绕中心、服务大局”，才能提出一批影响国家和社会的重要提案，政协委员努力学习、理解、把握党和国家的大政方针，根据特定时期国家和社会的重点任务，提出提案和建议，为国家、社会建设贡献智慧和才能，促进了中国社会更好地建设、前行。

**2.“围绕中心、服务大局”是人民政协及委员提案工作的“变”的新质**

党的十八大以后，习近平总书记系列重要讲话、中共中央制定的系列制度文件、全国政协系列工作部署和制度规定等成为指南，“围绕中心、服务大局”更明确地成为政协及提案工作的基本准则、基本原则，以及主攻方向和主要任务。这要求政协及委员提案工作，要以“围绕中心、服务大局”为基本起点，进一步细化“更好围绕中心、服务大局”的工作标准、环节、流程等，要与时俱进，结合当下先进的技术能量、路径，运用新的管理体系和方法等，让提案工作在“聚焦国家经济社会发展中的重要问题”，“紧扣人民群众普遍关心的问题开展工作”，“围绕爱国统一战线的重大问题开展提案工作”等具体目标上，更加科学、精准、高效。让“精准提案”得以实现，让“微提案”贡献即时良策，让“智慧提案系统”早日实现政协及委员提案、工作的智能支持和辅助……以实现人民政协提案及其工作对服务党和国家中心任务、工作大局最及时、有力的支持。

## （二）关于提案文化之认识

对于提案文化，笔者的认识是：

第一，提案文化是政治性文化。因为其体现的是人民当家做主的利益表达，是中国特色社会主义建设和发展的智力支持。这就决定了提案文化的政治特性，也决定了提案人站位的政治立场。

第二，提案文化是应用性文化。提案需要指向现实问题，需要针对问题提出对策，需要落实在社会实践中才有价值。这决定了提案文化的应用性，需要在特定社会实践中去实现价值。

第三，提案文化是建设性文化。沉入社会、深入调研，找准问题、提出对策，作为提案主体的政协委员来说，要站位在助力国家建设，推进社会进步和发展角度进行提案。这决定了提案的起点和追求应站在建设性的角度，并提出建设性意见。

## （三）政协提案工作的体制、机制建设

政协各项工作及在国家政治体系中所发挥的作用，是有序、有力、有为的。学习习近平总书记在中央政协工作会议上的讲话精神，和汪洋主席在第十三届政协多次会议上的指示，需要进一步强调将政协工作放在全面推进国家治理体系、治理能力现代化重要环节上。结合学习《做好新时代人民政协提案工作》的体会，基于对政协工作现有不成熟、不全面的认知，对提案工作的体制、机制建设，谈几点粗浅的认识。

**1. 用从上到下的重视，保证提案工作有力度**

通过培训、引导等方法，在提高政协委员提案定位的大局性、站位的全局性、分析的深刻性、调研的深入性、问题的针对性、建议的有用性等基础上，政协提案办理工作，需要以强化党的领导为根基，既在工作中落实党的领导，又在办理中理解党领导提案工作的初衷和意图，传达好党对民主协商制度的重视，对各界人士真知灼见的重视，对团结更广泛人群共同建设、发展国家和社会的重视。为此，提案办理单位以党委“一把手工程”的力度，重视提案、落实提案，不走过场，坚持党对提案工作的客观、内在要求，做

到提案工作有力度、提案办理有价值、提案过程传达党的声音不走样。

**2. 用科学、标准的流程设置，保证提案工作有模板**

经过70余年的发展，政协提案工作已经形成较为成熟的工作体系和工作机制。但是，改革永远在路上。随着时代的发展，社会的变迁，政协提案工作要在党提出政协工作的新要求下，与时俱进，提升提案工作的科学化、系统化、专业化水平。以量化层面的提案办理清单设计、办理过程流程设计，质化层面的“点”（重点提案、提案立案）、“线”（政协与提案办理单位联络）、“面”（政协提案工作全局）、“体”（政协提案与所有相关单位协商办理提案体系），在强化标准化和程序化中，探索、建立高水平、高效能的政协提案工作体系和机制。

**3. 用智慧平台的建设管理，保证提案工作有功效**

委员提案客观存在以下问题：建言应用于当下，还是有用于未来；部分有用，还是整体方案有用；当前能回复，还是尚不具备办理条件，等等。仅靠当前政协提案工作的人工遴选、筛查、办理，确实无法在集成、筛选委员提案的同时，还能存档、细分，实现提案再回溯、价值再发现，而在内容应用上也较难得到更加精细、精准的观点。

政协已在探讨智慧提案平台建设，为解决以上问题提供了可能。大数据、人工智能等新技术的发展，使政协开展工作更加简捷、精准。以智慧提案工作平台建设为起点、重点，同步创新提案工作意识、改进提案工作方法。让平台化、一体化、智慧化的提案工作，先进的智能管理方法，有效提升提案工作的效率，进一步助力政协委员建言献策的价值挖掘、实现，更好地助力中国特色社会治理体系、治理能力现代化建设的发展。

# 十一、学习“两山”理论的体会和认识

## （一）自然是人类社会发展最基础的给养来源、存在之本

过去人们靠山吃山，靠水吃水。即使人类文明一再跃升，只要没有改变生物的本性，人就无法脱离自然而独存。从长远的角度看，保持自然的繁荣，也是为人类一代代繁衍提供给养支持。

## （二）坚守环保底线，就是保有人类生命质量的底线

在科技昌明时代，人类有了更多方法、手段，支持、促进生活改善、社会发展。其中包括在任意拓展疆界、破坏大自然环境的基础上，无节制地滥用破坏自然资源的农药、化肥等化学制剂。而由人类肆意妄为带来的大灾难——如温室效应，小灾祸——如癌症等，说明破坏自然环境的恶果，最终都将“回馈”到人本身！无视和破坏自然，实际是影响人类生命质量的自戕和互害。

## （三）走绿色发展道路，是人类文明与文化螺旋上升后的高端形态

“绿水青山，就是金山银山”，习近平总书记站位高远的论断，指示的既是中国作为负责任、倡导人类命运共同体建设的大国发展模式，也指示的是人类文明与文化的高端形态——不再以恶化、毁灭生存环境为代价，让人类在恶劣的自然环境中“带病”“积病”生存；不再无限掠夺、压榨自然，只因短期利益，就让子孙后代无以为继；不再因局部利益，让人类全体一起付出高昂而不可逆的代价。在环境友好、绿色发展中，建设自然与人类和谐的生存环境。

以中国社会的进步来说，已然从最初的解决温饱，朝向物质、精神文明

双发展的方向不断前行。在文化产业渐进成为支柱型产业的当下，社会进步是要满足人民群众日益增长的对美好生活的向往上。只有生态美好，人民生活才美好。

人类从最初与自然的相互依存，到相当一段时间的唯物质论，再到现在对“青山绿水”的再回归，“两山”理论及实践，让我们认识到，人作为自然之子的“螺旋式”上升回归。这一次，让我们用科学技术的先进方法、手段，应用科学指标评价我们的行为，让科学发展助力的青山绿水，最后能成为并更好地成就中国社会的“金山和银山”。

# 十二、关于编制“十四五”规划的粗浅思考和认识

面对国际局势的错综复杂，以及疫情后世界经济、社会发展存在的诸多不确定性，“十四五”规划编制无法回避眼前的实际问题。在规划编制过程中，需要“提起来”——放在国家两个百年奋斗目标和中华民族伟大复兴的实现进程中考量，要有更宽广的视野。需要“站出来”——放在百年未有之大变局和世界发展存在严重的不确性上考量，要有度的把握。需要“做得来”——放在实际变化了的人、财、物等资源环境和条件下能够完成的考量，要有量的斟酌。

在直面复杂局面和形势不确定的前提下，要稳步延续既往建设和发展目标，笔者认为，“十四五”规划的编制工作，有以下几个方面需要多加关注：

一是提“速”。在竞争和变局中给我们预留的时间有限，相关建设过程需要加快，单位时间内完成的建设任务量需要提高。

二是提“质”。不管是产业还是事业，不管是经济还是社会、文化领域，将质量作为首要标准，应该成为规划的基本要求和坚持原则。

三是增“效”。所有的工作面都需要以效率为先，追求成效和实效。

四是增“值”。基于存量做增量，在已有建设基础、平台、体系上，推进“五个文明建设”都要充分兼容新的技术能量，将节约意识贯彻于所有环节。要更多地依靠单位资源价值，促进社会产业净值的不断攀升。

为此，在接下来的五年时间内，要在注重系统整合、体系完善、环节理顺、工作协同、视野前瞻等以外，进一步着重把握以下工作的具体比例：

一是把握好建设和发展间的比例。其中，建设面向当下，发展面向未来。

二是把握好守成与创新的比例。其中，守成基于既有，创新面对前瞻。

三是把握好深度和广度的比例。其中，深度指建设内涵和质量，广度指发展布局和规模。

四是把握好点和面的比例。其中，点是重点任务，面为一般工作。

……

“十四五”规划编制工作，对接下来中国社会的具体工作有直接的引导和指导价值。所以，对于此项工作，需要在坚持两个百年奋斗目标的总框架内，全国上下形成共识，实事求是，编制好“十四五”规划，以助力国家和社会务实发展、更好前行。

# 十三、对继续改革开放的粗浅理解与认识

1978年，在中国经济已经处于崩溃边缘的时候，党中央以改革开放的英明决策，挽救了国计民生。今天，面对人类历史大变局，在遭遇一系列挑战的时候，作为第二大经济体的中国，还需要改革开放吗？改革开放对中华民族到底意味着什么？

## （一）改革开放是时代规定之情境

我们身处一个全球“联网”的时代，经济全球化的发展，已经成为时代的背景，真实的世界四通八达、高速联通；虚拟的世界更促成人类时空的打破、融通，信息无障碍流通。

## （二）改革开放是强国发展之捷径

历史告诉我们，走封闭僵化的老路不仅行不通，而且也无回头路可走。惨痛的中国近代史告诉我们，闭关锁国带给国家的是落后，因循守旧带给国家的是贫困。我们曾经受尽屈辱，弯着腰也换不来一点尊重。1949年中华人民共和国成立，中国经过多年发展，迈向世界强国之列，强起来的中国，需要不断新己以前行，不断吐纳以增强，改革开放是国家强大必须坚持走的路。

## （三）改革开放是民族自信之表达

一个强大、自信的民族，一定是勇于向世界敞开胸襟，善于向先进文化学习，乐于和其他民族交流的民族。实现伟大复兴的中国梦，需要改革开放才能推进和实现。

# 十四、关于促进全球多极化的多边外交的认识与思考

## （一）中国当前国际关系所处的环境

（1）改革开放40多年来，中国遵守并运用国际现有体系、规则和标准，坚持不懈地推进国家建设和发展。我们是用辛勤的劳动，面对诸多的不平等和阻挠，才艰难地取得了当下的发展成果。

（2）强大的中国，需要守住自己的发展趋势。为了民族伟大复兴中国梦的实现，为了中国更长远的目标，要酌情地舍得让利，中国最重要的事，还是继续发展。

（3）不管是人类命运共同体理念的提出，还是应对新冠疫情，以及智能技术发展后的人类未来，国际关系新体系、新规则需要布局、需要建立。

## （二）以人类命运共同体理念站稳多边主义立场

应对当前日益严峻的全球性威胁与挑战，习近平总书记曾指出："要弘扬多边主义，其核心要义是，国际上的事应该由大家商量着办，不能由一国或少数几个国家说了算。"2020年新冠疫情发生以后，多边主义显示出强大的生命力，越来越多的人认识到，全球性威胁需要全球来应对，任何一个国家都无法独自应对，也不可能独善其身。

对此，笔者认为中国应该：

**1. 坚定不移地推进人类命运共同体建设**

建设人类命运共同体是当下最符合全人类共同利益的先进思想，是保障和维护人类及其文明强大存续的最佳选择和最优方案。我们必须认识到，人类命运共同体理念涵容的深邃、广阔、长远、前瞻，远远超越了过去西方体

系的“全球化”概念。中国首先提出建设人类命运共同体的理念，走在了世界发展前沿，符合人类文明发展进程与趋势。作为第二大经济体的中国，应该并需要成为带领全人类进步前行的领头羊。

**2. 坚定不移地践行多边主义**

人类命运共同体建设需要突破当前地区、国家、民族的狭隘视野、界线，突破利益博弈、权力争夺、社会分配等传统的关系局限，站在携手对抗威胁人类种群生存的立场上，着眼人类共同生存、全局安全、未来进化和发展。

再从历史发展的角度看，改革开放40多年来，中国始终遵守并运用国际多边主义体系、规则和标准，坚持不懈地推进国家建设和发展。作为负责任的大国，直面历史大变局中的不确定性时拥有更大的自信与定力，理直气壮地坚持多边主义立场。

**3. 坚定不移地维护全球发展和稳定**

习近平主席指出：“多边主义是维护和平、促进发展的有效路径。”不管是应对新冠疫情，还是面对智能技术发展后的人类未来，人类命运共同体理念的提出，恰在其时。站在道义高地的中国，在奉行平等、互利、开放原则的多边主义中，要维护的是全球的发展和稳定。

中国此时更需要站高望远，更加全面、综合、深入地认识、把握当前这个世界，有自己清晰而明确的定位。中国在对多边主义的坚守中，遵循人类命运共同体理念，继续推动国际社会朝着开放、包容、普惠、平衡、共赢的方向发展，并为世界的和平、稳定做出自己最大的努力！

# 十五、中国社会制度的先进性

生物进化的历史告诉我们，人类在“人化自然”“人化人”的漫长进程中，逐步发展出人类社会，进而发展成当前不同国家、民族分野的文明形制。一方面，人需要以平和、自然的生命样态存在自然界中，与其他生物保持相互间平衡制约的共存，所以要遵循自然法则。另一方面，人是社会的人，人与人、人与社会需要相互依存，所以应遵守人类文明基本公则；同时，基于地理空间、文明进程、社会建设、历史选择和发展等的不同，存在国家间不同的社会体制、机制，有着不同的社会管理模式、文化样式等，应相互尊重。评价不同国家政治制度和国家治理模式，需要客观分析、理性感知、深入体察，需要回望过去、直面当下、前瞻未来，才能形成深刻认识和判断。

通过学习《习近平谈治国理政》第三卷，对比 2020 年各国政治制度在应对新冠疫情中发挥的作用，下面笔者从三个维度，谈谈“中国特色社会主义制度”具有的先进性。

## （一）坚持“以人民为中心”，符合人类文明存续基本准则

我国政治制度坚持“以人民为中心”，如果说这一制度平时着力“从人民群众关心的事情做起，从让人民群众满意的事情做起，带领人民不断创造美好生活”的话，此次防控疫情战“疫”中，为降低死亡率，减少疫情扩散，习近平总书记亲自挂帅，中共中央成立工作领导小组，调动全国的医疗防控资源，将人民的利益摆在至高无上的地位，中国特色社会主义制度“集中力量办大事”，最大程度地保障每个人的生命安全和核心利益，这才是先进的社会制度。

## （二）秉持五大发展理念，符合社会制度先进性建设要求

在学习《人类的明天》一书时，我们知道：人类征服自然的过程，是无

节制掠夺不可再生资源，造成生态失衡，加剧基本生存环境持续恶化的过程；是人类为自己的私欲，不断挑起国家、民族间战火，进行利益争夺和倾轧的过程。当下，是否能正视现实，有力、有效地解决存在于自然、社会中的突出问题，也是体现社会体制、机制是否具备先进性的标准。习近平总书记提出“创新、协调、绿色、开放、共享”五大新发展理念，一方面，基于发展环境和现实，解决人类社会共同关切的问题；另一方面，基于中国社会建设实际，提出解决方案。

### （三）人类命运共同体符合人类发展、壮大的方向

人类当前正面对百年未遇之历史大变局中；正面对人类生态、军事、经济、社会发展不平衡，单边主义抬头，经济全球化发展遇挫问题；正面对5G新技术促进人类社会朝向人机共存方向发展的时期，中国坚持改革开放，坚守人类命运共同体立场和理念，立身于推进人类文明进步的制高点，争取人类社会风险共担、利益共享的美好前景的正义守望，为全人类的利益勇于担负，中国特色社会主义制度先进性不言自喻、毋庸置疑。

# 十六、从制度、实践中看社会主义代替资本主义历史总趋势

马克思主义诞生以后的160多年来，为什么说社会主义代替资本主义是历史总趋势，我们可以从以下几个方面说明。

## （一）社会主义社会具有制度先进性

从人的本质属性上说，人类追求社会中的平等，个体的自由和全面发展。

资本主义以逐利为本质，其制度建立在资产阶级为剥削阶级、无产阶级为被压迫和被剥削阶级的基础上。为此，无产阶级被剥削是资本主义制度之结构，是资本主义社会之必然。于是，无产阶级不可能在资本主义社会中获得平等。

另外，资本主义片面强调个人主义、利己主义，使资本主义社会中的个体，一方面因剥削和被剥削阶级的实际存在，无法实现每个人的自由和全面发展，使人类无法实现全体的彻底解放；另一方面，在个人主义、利己主义价值的准则下，社会作为个体的存在环境，无法真正对个体自由和发展予以全面支持。

而社会主义消灭了剥削阶级，实现生产资料公有制和社会平等，支持每个个体的自由和全面发展，由此促进的是人类整体性的解放。既关注每个人，又推动人类全体自由和全面发展。较之资本主义，社会主义社会制度由此更具先进性。

## （二）社会主义实践体现强大生命力

社会主义发展是在马克思主义者和无产阶级政党的不断探索中曲折前进的。1848年爆发的欧洲革命，并没有如马克思、恩格斯预想的那样，带来无

产阶级革命很快在欧洲发生；直到1917年11月7日，俄国十月革命的胜利，才探索出从经济文化落后的国家，率先实现社会主义对资本主义的代替。1989年前后，二战后东欧按照苏联模式建立的社会主义政权纷纷发生变化，对社会主义道路的探索，形成了很大冲击。中国共产党人以马克思列宁主义为指导，实事求是，勇于创新实践，不仅建立起新中国，取得新民主主义革命的胜利，而且在中华人民共和国成立后的社会主义革命实践中，探索出具有中国特色的社会主义道路。正在崛起、强大的中国，显示出社会主义强大的生命力。

中国社会主义实践的伟大成功，向世界表明了社会主义道路的切实可行，也验证了邓小平论断的正确，"社会主义经历一个长过程发展后必然代替资本主义"。相比于阶段性发展的资本主义社会，社会主义社会不仅体现出优势，还体现为社会发展的根本、未来趋势。

### （三）社会主义中国显示体制优越性

作为社会主义国家，中国充分说明了社会主义制度的优越性。特别在1978年改革开放以后，站起来的中国人民，又实现了富起来的跨越，一跃成为世界第二大经济体、世界第一经济引擎，中国正继续朝向伟大复兴梦努力奋斗。

在百年难遇历史大变局中，即使面对多重考验，在中国共产党的领导下，中国继续稳步前行；中国人民更自觉增强了对中国特色社会主义的道路自信、理论自信、制度自信、文化自信，更加理解社会主义终将代替资本主义是人类历史发展的总趋势。

遵循习近平总书记最新指示精神，"学史明理、学史增信、学史崇德、学史力行"，在新发展阶段，高举社会主义旗帜，中国一定行！中国特色社会主义的光明未来一定会到来。

# 十七、做好“土生土长”这篇大文章

2021年9月7日至11日，作为党外委员有机会参加了永定河流域文化建设调研活动。感触很深：“感”到了现在中国生态涵养的成功，“触”到了强起来的中国澎湃着希望。这一次调研，结实地夯醒我一个坚定的认知：中国，已不仅是蓄势待发，而是成竹在胸，正走向自己全面的蓬勃。

## （一）建好自然之境：让乡里乡亲遇见丁香一样的中国

习近平总书记说，要让人们“望得见山、看得见水、记得住乡愁”。调研永定河流域一线，不管是察哈尔，还是张家口，田园风光都已经恢复了记忆中的模样。辉腾锡勒草原、察哈尔湖、苏木山一派郁郁葱葱、山清水秀，洋河、桑干河交界处，官厅水库湿地一脉美丽清新、生机怡然。中国山水和乡野已然拥有本该有的绿色。虽然受新冠肺炎疫情的影响，各景区还没有到游人如织的情景，但三两成群的登山游客，乘草原小火车惬意玩耍的游人，微笑中多了一份笃定的亲切。

## （二）系好文化之根：让“本乡本土”享用这方水土独有的人文风景

“一方水土养一方人”，通过调研更加深刻理解了这句话的含义。作为北京的母亲河，永定河流域养育过我们的先辈——泥河湾、黄帝城留下了最古老人类活动和文化创造的遗迹；承载着我们的过去— 卫城、大境门留下了中国的城邦和商贸史；记录下中华民族战天斗地的察哈尔抗日同盟军纪念馆、中华人民共和国成立后人民群众通过土地革命站起来的回忆，重现眼前。

### （三）结好建设之果：让“土生土长”促进希望田野收获累累果实

自然生态的涵养让永定河流域沿线美丽如昨；人文生态的保护性开发，向着和谐化、本土化、自然化的方向发展。现在的中国，确实是希望的田野！

当下，我国正处在国际形势日益复杂的形势下。经济、社会、文化建设和发展以内循环为主，努力建构国内国外双循环新格局时，一方面坚守我们要坚守的，继续扩大改革开放，推进生态文明建设等；另一方面党和政府在把握事关国家、民族长远性、全局性重要任务和工作部署基础上，应适当调整具体工作战略。

要就势：继续维护、巩固、提高人文生态涵养、建设的质量、水平；对各地文化资源做系统性整合、保护性开发，让中国生态环境更美，让文化产品与服务符合人民群众的文化口味。

应控势：转不利局面为机遇，在内循环成为驱动中国经济、社会发展主体的情形下，中国需要“土生土长”能量、力量的焕发，需要各级政府有意、有力、有效的控局、推进和作为。

# 十八、“中国特色社会主义是实现中华民族伟大复兴的必由之路”之我见

中国特色社会主义是实现中华民族伟大复兴的必由之路。“中国特色社会主义最本质的特征是中国共产党领导，中国特色社会主义制度的最大优势是中国共产党领导。”中国共产党的初心和使命就是为中国人民谋幸福，带领人民创造美好生活、实现共同富裕。脱贫攻坚伟大实践中，以人民为中心，党中央把贫困群众和全国各族人民一同迈向小康社会作为出发点和落脚点，不让一个人掉队；大灾大难面前，“坚决兜住民生底线”是开展工作的底线。中国共产党扛着民生福祉千斤重担，一诺千金，团结、凝聚亿万中国人，共同朝向民族伟大复兴前行。

社会主义建设与发展的实践探索与成效告诉我们：中国特色社会主义是实现中华民族伟大复兴的必由之路。从带领中国人民站起来向富起来，再朝向强起来的方向不断推进、渐进实现，中国朝向实现工业化和可持续经济增长，进而成为现代化强国不断努力。党的十八大，特别是十九大以后，以习近平同志为核心的党中央以高超的政治智慧，更是进行了缜密而宏大的战略部署：分两个阶段建成社会主义现代化强国；确立习近平新时代中国特色社会主义思想为核心指导思想；坚持和加强党对一切工作的领导；确立“五位一体”，构建人类命运共同体新发展理念；全面深化党和国家的机构改革；做出《中共中央关于坚持和完善中国特色社会主义制度　推进国家治理体系和治理能力现代化若干重大问题的决定》；党的十九届五中全会更及时地将“十四五”规划与2035年远景目标统筹考虑，明确新发展阶段的奋斗目标……党中央高瞻远瞩、精心谋划，推动中国从农业经济向工业经济转型。带领全国人民负重前行、系统推进的中国共产党，不仅始终不渝地以民族复兴为己任，而且以自己卓越的领导和社会实践，让民族复兴伟业的蓝图渐成事实。

中国特色社会主义是实现中华民族伟大复兴的必由之路。中国特色社会主义是立于时代前沿、与时俱进的科学理论。在当前世界处于百年未有之大变局，中国处在“两个百年”历史交汇期之时，中国不仅能看清国家的大局、大势、大事，中国发展也在把握历史的“时”与“势”，步步为营、扎实推进中华民族伟大复兴的历史进程。习近平同志为核心的党中央提出要继续扩大改革开放，提出“一带一路”“人类命运共同体”发展理念与构架中，我们看到了中国特色社会主义理论的自我增强、主动建设，看到了朝向有利于推进民族复兴伟业实现的改革探索、坚守。中国特色社会主义不仅生机勃勃，而且不断发展壮大，才使得民族复兴的中国梦持续得到及时、先进的理论支持、制度保障和发展推进。

# 十九、凝聚共识，助力中国事业提质增效、走强走实

《习近平谈治国理政》（第三卷）着眼中华民族伟大复兴战略全局，立足世界百年未有之大变局，以新时代中国特色社会主义思想为指导，不忘初心，牢记使命，为推进中国特色社会主义制度的“中国之治”，指明了道路和方向。学习、领会习近平总书记在党的十九届四中全会和中央政协工作会议上的重要讲话精神，围绕凝聚共识，谈一点学习体会。

## （一）凝聚共识是对发展要求的综合体认

因时代发展凝聚共识。面对历史大变局，国家、民族的命运，需要坚定地掌握在我们自己的手中。因此，要以共识集合全民意志。

因大国崛起凝聚共识。从站起来到富起来，再到强起来，新中国从积弱积贫，走向生活富足无虞，再走向推进强国梦实现的砥砺前行。对21世纪中国的角色和身份认知，应开阔视野、站上新平台，形成新自觉。

因社会进步凝聚共识。新技术快速改变以至颠覆了社会结构，在互联网及5G、大数据、人工智能等技术支持下，获得无限新动能。中国有幸位居有利位置，要以共识整合、汇聚全体国民力量。

## （二）凝聚共识是对中国建设的务实推进

在“以国内大循环为主体、国内国际双循环相互促进的新发展格局”中，中国必须稳健前行。为此，需要把握好建设和发展、守成与创新、深度和广度、重点与一般等关系，当前我们要：

提“速”，加快建设过程，单位时间内的建设任务量必须提高。提“质”，不管是产业还是事业，不管是经济还是社会、文化领域，质量都是首

要标准。增“效”，效率为先、目标导向、结果导向，追求成效和实效。增“值”，基于存量做增量，充分兼容新技术能量，推进“五个文明建设”应将节约意识贯彻始终。促进中国社会产业净值、事业效益不断攀升。

时间紧、任务重，中国未来的发展，需要全民一心的精诚团结。

### （三）凝聚共识是对“国之大者”的自觉担当

习近平总书记曾多次提醒我们，“对国之大者要心中有数”。在笔者看来，“国之大者”是着意全局性、根本性、战略性和长远性的视野、心胸、站位；是有清醒的政治意识、文化立场、发展目标、建设节奏的自信、自立、自强；是坚持改革开放，与国际社会携手应对人类重大突发公共安全事件。要实现两个百年奋斗目标和中华民族伟大复兴，要在当前不确定性环境中稳住节奏，做好与国际掣肘力量做长期艰苦斗争的准备。面对影响我们前行的诸多变数和困难，有共识才能共担使命、共克时艰，共赴民族复兴之荣光。

# 二十、在学习、读书、感恩、履职中增进四个认同

曾在读书群问：为什么是基于工人阶级为基础的马克思主义政党、无产阶级政党能够成功；为什么社会主义能在农业大国成功？为什么中国共产党能成为百年大党？

2021 年 4 月，政协组织委员对革命老区进行了专题考察，通过专题考察，笔者增进了对这些问题的认知。

这是学习之旅。进入红色圣地，零距离地与历史、情境交流对话，参与多种形式的学习教育活动，润物无声中党史融入记忆、植入人生情感！

这是读书之旅。奇葆副主席带队，将原本从线下搬到线上的委员读书活动，又延伸到线下：读书群群主即时分享，带动线上专题党史学习，成为委员读书、交流的重点、亮点。

这是感恩之旅。以朝圣的心情，我们来到革命老区，向先烈们致敬，向老区致敬，向为中国革命贡献所有却无怨无悔的老区人民致敬。

这是履职之旅。因履职我们走进革命老区，在懂得这片土地上发生的一切后，生出厚重的情感。

置身于浸透着革命烈士鲜血的红色土地，对心灵的触动和震撼无以言表。今日老区生机勃勃的强劲发展，正是革命前辈用鲜血换来的，是中国共产党人用无数次浴血重生换来的。

专题视察活动让我们在思考中形成共识，成立时仅仅 50 多人的中国共产党，为什么能创造历史伟业，并领导中国人民和中国革命不断走向胜利。

我找到了五个答案：

## （一）客观选择

共产党成立前后中国社会诞生过很多党派，也有不同政治派别、力量推

进的社会政治实践，但均告失败。确实是“只有中国共产党才能救中国”，这不是口号而是客观实际。

### （二）主观努力

百年党史就是中国红色革命的探索史、奋斗史。无惧牺牲，舍得所有，为了中华民族的未来，始终在排除万难中挺身在前、舍生取义，并不断通过自我革命，在曲折中坚定持守。

### （三）领袖带领

几代中国革命领导集体，正确认识、把握历史的发展趋势，力挽狂澜，成就了百年大党的不断壮大和前行。革命战争时期，毛泽东多次在紧要关头，挽救革命、挽救党：遵义会议确立了毛泽东在党和军队的领导地位，娄山关战役、四渡赤水等屡立奇功，这才有伟大的战略转移艰苦卓绝的两万五千里长征，使中国革命一举扭转局面。1978 年，十一届三中全会彻底否定“两个凡是”的方针，重新确立解放思想、实事求是的思想路线；果断停止使用“以阶级斗争为纲”的口号，把党和国家的工作重心转移到经济建设，邓小平提出改革开放的伟大国策，“让一部分人先富起来”，才使得 20 世纪后期的中国，从经济濒临崩溃的边缘，逐步富起来。党的十八大以后，习近平总书记胸怀对国家、民族强烈的责任感和使命感，大气魄治党治国治军，大手笔运筹国内国际大局，推动改革发展稳定前行；党的十九大以后，坚定不移地贯彻新发展理念，推动我国发展朝着更高质量、更有效率、更加公平、更可持续的方向前进。当前，不仅在全球性新冠肺炎疫情影响下，率先走出疫情的影响，成为 2020 年唯一 GDP 正增长国家，而且取得了脱贫攻坚历史性的伟大成就；认清、把握历史大变局中的“时”与“势”，在当下，全面开启第二个百年现代化强国新征程，民族伟大复兴在路上——这是党的领袖站在历史新方位，带领全党，对国家、民族前途命运的再一次伟大布局和果断推进。

### （四）自我革命

中国共产党的自我革命已成为习惯、成为优势。在百年前行遭遇的许多危急关头，革命领袖能够带领党、带领中国革命走出困局，走向正确的道路和不断的胜利，在坚持马克思主义思想建设、理论建设，以及党内制度规范建设以外，特别需要关注的是，党坚持实事求是的基本原则，能立足中国革命实际，持续进行自我革命。延安时代的整风，十一届三中全会的拨乱反正，党的十八大以后的反腐倡廉……无一不体现中国共产党敢于自我革新的气魄和胸襟。

### （五）人民支持

历时百年，党获得了人民的无限信任、无私支持，这是我们走过江西、贵州，感受无比深切的一点。习近平总书记说“走得再远、走到再光辉的未来，也不能忘记走过的过去，不能忘记为什么出发。”这次视察让我们进一步理解了为什么共产党人要坚守出发时的初心、使命！不管是新民主主义革命，新中国成立后的社会主义建设、发展，还是中国特色社会主义的日渐成熟，都有人民的无限信任和无条件支持。

# 二十一、以“国之大者”的自觉，奔赴现代化强国建设新征程

2021年3月3—11日，中国“两会”如期召开。如《政府工作报告》所说，过去的一年“极不平凡”！从按下“暂停键”，到今年实际按下新发展阶段“快进键”，中国面对防控新冠疫情重大公共卫生事件阻击战、美国等西方国家极限施压的遭遇战；发起了脱贫攻坚总攻战、“十三五”收官战，一路过关斩将、团结奋战，取得抗疫重大成果、脱贫攻坚历史性成就，成为2020年主要经济体唯一正增长国家。

以人均GDP超过1万美元为进入发达国家标准，中国已基本实现第一个百年梦想。2021年的“两会”，是朝向全面建设社会主义现代化强国新发展阶段跨越的开始。面对诸多不确定性、不稳定性，在世界惊叹，疑问“为什么是中国”的时候，身处百年难遇之大变局，更多的中国人亲身感知并笃定确认了从富到强、加快民族复兴的新征程。

## （一）“人民至上”，共产党人的一诺千金

2020年新冠疫情发生后，以“生命至上”为理念，中共中央成立了工作领导小组，坚决阻遏疫情扩散，为14亿人的大国战胜疫情，最先复工复产奠定了基础；在脱贫攻坚伟大实践中，以人民为中心，党中央把贫困群众和全国各族人民一同迈向小康社会作为出发点和落脚点，不让一个人掉队；在大灾大难面前，党中央“坚决兜住民生底线”，扛起保民生福祉的千斤重担！

人民就是江山，江山就是人民！中国共产党人兑现了“人民至上”的诺言，凝聚起从站起来到富起来，再向强起来的亿万中国人的伟力！

### （二）“民族复兴”，强国战略要抓铁有痕

为中国实现工业化和可持续经济增长，进而成为现代化强国，党的十八大特别是党的十九大以后，以习近平同志为核心的党中央进行了缜密而宏大的战略部署：分两个阶段建成社会主义现代化强国；确立习近平新时代中国特色社会主义思想为核心指导思想；坚持和加强党对一切工作的领导；确立“五位一体”、构建人类命运共同体新发展理念；全面深化党和国家的机构改革；做出《中共中央关于坚持和完善中国特色社会主义制度 推进国家治理体系和治理能力现代化若干重大问题的决定》；党的十九届五中全会更及时将“十四五”规划与2035年远景目标统筹考虑，明确新发展阶段奋斗目标……党中央以民族复兴为己任，高瞻远瞩、精心谋划，强力推动中国从农业经济向工业经济转型，从一穷二白的农业经济体，向相对发达的经济体进一步发展！

### （三）“国之大者”，大国使命自觉担当

世界处于百年未有之大变局，中国处在“两个百年”的历史交汇期。习近平总书记早已告诫人们：“对国之大者要心中有数。”一方面，“国之大者”是国家的大局、大势；另一方面，“国之大者”还是逐步强大起来的中国。“有数”则要懂得历史的“时”与“势”，正确研判我国发展所处的历史方位，抓住重要的发展窗口期；要谋好篇、布好局，步步为营、扎实推进中华民族伟大复兴的历史进程；要自我增强、主动出击——扩大改革开放，提出“一带一路”“人类命运共同体”发展理念与构架，这是“国之大者”的自觉、自为，扛起、奔赴的也是“国之大者”的责任与使命！

依照汪洋主席指示“知责于心、担责于身、履责于行”，“两会”过后，政协委员在通过读书继续提高履职素质、能力和水平的同时，还要以战略定力真做，以“三牛精神”实做，以中国节奏稳做；并以国内大循环为主体，以新科技为助力，以高质量发展、高品质生活为追求，以国家治理体系、能力现代化“新做”！与党和国家同心、同向，只争朝夕、勇往直前！

# 二十二、百年党史，是担负、探索、奋斗和作为

再过几天就是 2021 年 7 月 1 日，是中国共产党成立 100 周年的大日子。能想象到全中国人民的喜悦；能想象到天安门广场上载歌载舞的盛大场面；能想象到在举世瞩目的伟大时刻，每个人都有无限感慨与梦想……

百年党史，曾在我们阅读的历史书上，作为知识和学习的内容去记忆；从 100 年前的南湖红船开始，一点点、一线线，到一面面、一件件……经过专题学习、委员考察、参观展览等不同活动，特别经过全国政协书院专题读书，经过有人、有事、有情境、有感知的信息重组，从不同视角观照、整合、融入，拼出了我对党的重新认识和深入体悟。

## （一）党的百年历史是始终的担当

习近平总书记说：“走得再远、走到再光辉的未来，也不能忘记走过的过去，不能忘记为什么出发。”不能忘记的过去，是 1921 年在南湖红船成立时的中国共产党仅有五十余人；是随后 28 年浴血奋战，在非人的环境下，百折不挠，走出了新中国的曙光；是从新民主主义革命到社会主义革命，再到中国特色社会主义建设，中国共产党人带领中国人民从站起来到富起来，再到强起来征程中的 70 年的砥砺前行！

正如习近平总书记在党的十八大闭幕后同中外记者见面时强调的那样，“人民对美好生活的向往，就是我们的奋斗目标。”不管是新民主主义革命，还是新中国成立后的社会主义建设、发展，以及中国特色社会主义的日渐成熟，中国共产党人始终自觉担负起这一份对民族、对国家、对人民的初始承诺。国家进步、民族复兴、人民幸福，永远是共产党百年征程坚定葆有的初心和坚守的使命！回望过去，我们看到党的这一份沉甸甸的担负；也看到因为这份担负，中国共产党获得了人民的无限信任、全情付出和无条件支持。

## （二）党的百年历史是艰辛的探索

为了民族，为了人民，中国共产党的百年历史，是在血与火的淬炼中艰难探索的历史。在半殖民地半封建的中国，开展马克思主义政党领导的革命；在落后的农业大国，进行工人阶级领导的、工农联盟为基础的社会主义革命；在经济濒临崩溃的1978年停止使用“以阶级斗争为纲”的口号，把党和国家的工作重心转移到经济建设上来，推进社会主义中国的改革开放；允许先尝先试，让一部分人先富起来以后，在党中央的领导下，进一步寻找共同富裕、建设和谐社会，探索中国特色社会主义的强国之路……从来没有现成的摹本可以照抄，没有成熟的模式可以参照！以血肉之躯在艰苦卓绝的两万五千里长征中的赴汤蹈火、矢志不移，建立起了新中国；以“摸着石头过河”，“实践是检验真理的唯一标准”，一路探索一路行地走出了“兴国富民”的道路；以对国家、民族、人民的忠诚，中国共产党在20世纪70年代，将中国从经济濒临崩溃的边缘，逐步走向富起来的道路；以不畏艰险，勇于实践，习近平总书记的大气魄治党治国治军，大幅度推动改革发展的稳定前行……因为共产党人的敢于探索、勇于探索，中国才不断向民族复兴目标迈进！

## （三）党的百年历史是持续的奋斗

“为有牺牲多壮志，敢教日月换新天！”伟大领袖毛泽东的诗句，是中国共产党精神气质和革命风骨的写照。用鲜血书写英雄史诗，用奋斗让信仰淬炼，百年党史，不仅是走正确道路和不断胜利的历史，更是共产党人始终坚持马克思主义理论中国化的指导原则，以实事求是为党的基本原则，立足中国革命和社会主义建设事业的实际，主动、自觉，不断攀缓缘、奋斗的历史。

没有坚定的信仰，没有为信仰付出一切的信念，没有基于信念持之以恒、强大的自我要求、自我奋斗，中国共产党不可能成为救国救民的领导力量，不可能成为中国的执政党，更不可能走过百年历史。

这种奋斗，是基于数代党的领导集体，正确认识、把握历史发展趋势，敢于对失败、对不利条件说“不”，这才有革命转折点时的力挽狂澜、转危为安。

这种奋斗，也是认清、把握历史大变局中的“时”与“势”，不断校正历史方位，主动找准站位，在坚定党的基本路线基础上，通过党内的思想建设、理论建设，通过具体工作方针、路线的调整，实现凝聚人心再出发。

延安时代的整风，十一届三中全会的拨乱反正，党的十八大以后的反腐倡廉……中国共产党始终是以自我革新的果敢，推进中国革命和社会主义建设事业不断前行！

### （四）党的百年历史是一以贯之的主动作为

不管是在革命战争年代，还是在社会主义建设时期，中国共产党始终保持着朝气蓬勃的活力。在其成为执政党后，没有躺在历史的功劳簿上贪图享乐，而是传承革命传统，追求主动作为。

以邓小平同志为核心的党的第二代领导集体，面对当时国家的经济形势，必须带领全党、全国人民开启改革开放、迈向“富起来”的伟大征程，在厘清“什么是社会主义”核心问题，进行“怎样建设社会主义”的战略谋划后，做出分“三步走”等一系列战略决策；到江泽民同志带领党的第三代领导集体，在对党的历史方位有新的判断的基础上，对党在特定时期的新定位主动做进一步厘清，这才有了“三个代表”重要思想的提出，从而完成党指导思想的一次根本性转变，开始了向执政党的转型。继之，胡锦涛同志提出科学发展观战略思想和社会主义和谐社会战略构想。党的十九大以后，在习近平总书记的带领下，中国共产党坚定不移地贯彻新发展理念，推动我国朝着更高质量、更有效率、更加公平、更可持续的方向前进，并在取得了脱贫攻坚等历史性伟大成就的基础上，全面开启了第二个百年现代化强国新征程。

将马克思主义理论与中国革命、中国实践相结合，中央领导集体以实事求是为原则，坚守建党时的初心使命，以继承和发扬、传承和接续，一代接着一代地主动作为，在坚定、有序中，推进社会主义中国的发展、中华民族的伟大前行。

今天回望百年党史，我们如此深刻地感到，中国共产党以高超的政治智慧，正确的战略把握，带领全国人民趟过了一个又一个激流险滩。在历史的延长线上，传承、递进，扎实、稳健地完成了党在每一个特定历史阶段的战略目标、任务。

由点及线，由线连面，由面构体，一点一点地用力，一块一块地累加，一段一段地接续，一代一代地丰富……中国共产党人筚路蓝缕、风雨兼程，终于带来了中国特色社会主义的不断建设、渐进发展；带领着百年前积贫积弱的中国，走进当下中国特色社会主义现代化强国的新征程！

# 二十三、参加建党100周年庆典的感受

## （一）在重大历史交汇现场，听党带领中华民族实现伟大复兴的脚步声

2021年7月1日上午，置身中国共产党成立100周年庆祝大会现场，笔者内心有诸多震撼，思绪繁多。

国旗卫士在100响礼炮的轰鸣声中，用庄严、坚定、有力的三个100步，走向天安门广场中央的旗杆。那在全场肃穆的几万人注目下升起的鲜艳的五星红旗，是向党的100周年生日致敬的礼赞，也是对共和国走向强大的礼赞，对中华民族从此走向强盛的礼赞。

这三个100步，走出了先辈们腥风血雨中不垮的信念，走出了风雨兼程中为民族解放和人民幸福的党的初心。走出了积贫积弱的中国，终于迎来站起来、富起来的高光时刻。苦难深重的近现代中国，中国共产党带领人民经过浴血奋战，走过别人难以走的路，迈过别人难以迈的坎，以信仰和信念，超越人类极限，奇迹般地强大起来。

这三个100步，走到了永载党和人民的史册的光辉时刻，走到了同样将永载人类文明发展史册的重要时刻！14亿中国人，消除了绝对贫困，创造了一个几乎不可能实现的奇迹！

这三个100步，走到了毛泽东主席1949年曾向世界宣告“中国人民站起来了”的天安门广场中央，从站起来到富起来，今天，全世界都听到了习近平总书记站在天安门城楼的庄严宣告：中国，“实现了第一个百年奋斗目标，在中华大地上全面建成了小康社会”！走到了习近平总书记宣告中所说的，“中华民族迎来了从站起来、富起来到强起来的伟大飞跃，实现中华民族伟大复兴进入了不可逆转的历史进程”！中国人民，“把中国发展进步的命运牢牢地掌握在自己手中”，从此摆脱了被人欺负、压迫、奴役的历史，从此“也绝

不允许任何外来势力欺负、压迫、奴役我们”！

这三个100步，走出了中华民族义无反顾地走向实现伟大复兴梦的集结号、冲锋号；走出了有着5 000多年历史，自立、自信、守正创新的中华民族的觉醒、无畏与奋进；走出了崇尚正义、不畏强暴、大国刚强的样子！中国，强起来的伟大时代已开启，以伟大工程成就伟大事业，以敢于斗争面对挑战，在历史难遇的大变局中，要以国之大者铸就历史新辉煌！

这三个100步，是党以担当、牺牲、无我、奉献，成就的伟大、光荣、正确；是中国一百年前曾经的“衰败凋零的景象”，展现为今天一派欣欣向荣的气象；是在党坚强的领导下，中国正以不可阻挡的步伐走向的伟大民族复兴梦。

“不负时代，不负韶华”，习近平总书记谆谆嘱咐的何止是青年！在现场以肃穆的心情听着、数着那意味深长、无比庄重的100步，作为无党派人士、政协委员的自己，也读到了其中厚重、宏大的历史嘱托！

## （二）走向民族伟大复兴，开展新的伟大斗争

2021年7月1日，置身中国共产党成立100周年庆祝大会现场，我们听到习近平总书记庄严宣告：“把中国发展进步的命运牢牢掌握在自己手中”，中国从此摆脱了被人欺负、压迫、奴役的历史，从此“也绝不允许任何外来势力欺负、压迫、奴役我们”！

振聋发聩，站在中华民族朝向强起来新的历史交汇点上，无比感慨。这是属于中华民族无比荣耀的高光时刻！从近现代中国苦难深重、积贫积弱、任人宰割，到今天消除绝对贫困，强大屹立，接近复兴，中国共产党创造了一个难以想象的国家发展奇迹！

我们实现了新民主主义、社会主义革命和建设、改革开放和社会主义现代化建设，以及新时代中国特色社会主义的伟大胜利、巨大成就！但我们必须清醒地认识到，中国特色社会主义现代化强国建设还在路上，当前，离实现中华民族伟大复兴还有一段艰难之路要走！

对此，要有以下的认识和把握：

**1. 新的历史方位：走强**

总书记“七一”重要讲话开宗明义：“今天，在中国共产党的历史上，在中华民族历史上，都是一个十分重大而庄严的日子。”不仅在于这是人类历史绝无仅有的大国执政党——中国共产党百年诞辰，更在于以民族复兴为己任

的党带领人民，“实现了第一个百年奋斗目标，在中华大地上全面建成了小康社会，历史性地解决了绝对贫困问题，正在意气风发向着全面建成社会主义现代化强国的第二个百年奋斗目标迈进”。

这是新的历史方位与定位。自此，中国特色社会主义建设迈入新的历史阶段。要深刻认识总书记所说的“中华民族迎来了从站起来、富起来到强起来的伟大飞跃，实现中华民族伟大复兴进入了不可逆转的历史进程”。

**2. 新的历史站位：惟强**

今后工作需要明确中国发展“惟强”的历史新站位。“中国人民不但善于破坏一个旧世界，也善于建设一个新世界。”“惟强”的中国建设、发展，必须面对具有“新的历史特点”的复杂环境。敢于对一切阻挠中国强大的势力说“不”，敢于打破束缚中国“惟强”的规则、体系，这是我们在新的历史站位上明确的身份、立场！“惟强”，就是敢于强大，建设中国特色、中国气派、中国风格的环境、体系、标准、学派，以至规则。

**3. 新的历史作为：自强**

走强、惟强，必然遭遇更大的风险和挑战。中国之强，势必触及国际既得利益集团的利益，对过去制定规则的国家、势力形成挑战；势必对当下社会建设、发展架构，形成新的压力、提出深化改革的要求，胸怀“两个大局”，统筹发展，坚定地自立、自强，是冲破一切困难险阻的根本。

**4. 新的历史任务：做强**

站在历史新方位，面对责任和使命，最迫切也是最根本的历史任务，是要做强！为做强，需要准确把握历史大变局的“时”与“势”，主动增强“四个意识”，坚定“四个自信”，做到“两个维护”；牢记“国之大者”，自觉投身强国事业，“完整、准确、全面贯彻新发展理念，构建新发展格局，推动高质量发展”；敢于斗争，敢于胜利，敢于在“中国式现代化新道路，创造了人类文明新形态”中，迈出坚实步伐！

我们已经来到祖辈世代盼望，先贤烈士为之浴血奋斗的强国路上，“中国共产党和中国人民将在自己选择的道路上昂首阔步走下去”，要为2035年实现第二个百年奋斗目标，2050年全面建成社会主义现代化强国目标奋勇担当、前行！

# 二十四、纪念辛亥革命的缘由

10 月 9 日，在人民大会堂举行的辛亥革命 110 周年纪念大会上，现场聆听、学习了习近平总书记的重要讲话后，在全国政协民宗委杨小波主任的带领下，赴宋庆龄故居参观。通过展览深入了解宋庆龄先生爱国、爱民、爱和平、爱正义，并追求真理、矢志不渝的传奇人生，对缅怀孙中山先生等辛亥革命先驱的伟大功勋，深刻理解辛亥革命对于中国社会的价值意义，切身懂得“中国共产党是孙中山先生革命事业最坚定的支持者、最忠诚的合作者、最忠实的继承者”的深层含义，起到了很大的促进作用。

在宋庆龄先生曾经生活、居住的地方，浏览、观看专题展览，就是在近距离中，走进伟大的爱国主义者、国家领导人宋庆龄的人生。看着庭院里旗杆上飘扬的鲜艳五星国旗，用心感受、用心聆听，也用心思考。我想：一个出身富裕家庭，如此美丽、优雅、端庄的女士，如何走到了革命先驱孙中山先生的身边？如何因伟人孙中山的革命事业，与革命事业结缘？如何因与伟大的中国革命事业愈益紧密结合，成为 20 世纪中国的伟大女性、国家领导人之一？

其间，有偶然的原因，比如，宋庆龄的父亲与孙中山的朋友关系；但是也有必然，即宋庆龄思想上对国家和民族前途、命运的始终关注，精神上对于英雄主义、正义事业的崇尚。在孙中山逝世后，她选择的是对背叛孙中山“三民主义”的汪蒋反革命的坚决斗争，选择的是对孙中山未竟事业的坚守，选择的是与代表全中国人民利益的中国共产党的合作。所以，辛亥革命时期的“国母”、反蒋斗争中大无畏的民主主义战士、新中国后的国家名誉主席……这一生非比寻常的执守，这一程为和平民主的梦想不懈奋斗的革命路，这一路与中国共产党的相知、相识、相融，一方面是宋庆龄对孙中山革命追求与精神的始终坚守；另一方面是历经艰辛、义无反顾中一位伟大女性渐进成长、强大的独立人格。

在宋庆龄故居，看专题展览中感悟到，110 年前的辛亥革命，是革命不止、奋斗不息成就了的伟大事业；是伟大事业彰显的爱国、爱民的伟大革命精神发端并代代相传……

那么，我们走进伟人的历史，隆重纪念辛亥革命 110 周年的价值、意义，到底是什么？

### （一）不忘革命先驱开创的历史

孙中山先生领导的辛亥革命，结束了封建帝制，开创了民主革命的先河。其间，革命先驱面对积贫积弱的国家，在“振兴中华”的旗帜下聚集起来，救国救民，结束帝制。

习近平总书记说，“辛亥革命永远是中华民族伟大复兴征程上一座巍然屹立的里程碑！”里程碑熔铸的历史，无论如何也不能忘，也不该忘！

### （二）不忘革命先辈为国、为民的初心

辛亥革命的历史，也是以孙中山为标识铸造的中国近代革命历史的一座丰碑，是辛亥革命志士不惧牺牲的以身示范。回望历史、继承革命传统的同时，我们还要传承辛亥革命伊始先辈们为国为民的情怀和初心。

孙中山先生在民族危亡关头，发起了辛亥革命。振兴中华作为辛亥志士前赴后继奋斗的伟大目标，体现出辛亥革命爱国精神的要旨。习近平总书记说，“辛亥革命没有改变旧中国半殖民地半封建的社会性质和中国人民的悲惨境遇，没有完成实现民族独立、人民解放的历史任务。”所以，作为继承者并横空出世的中国共产党，从建党开始，就将为“中国人民谋幸福、为中华民族谋复兴”的重任扛在了肩上。这是辛亥革命先辈未竟，由中国共产党接任、补充并发扬光大的伟大使命、初心。纪念辛亥革命，也是为不忘孙中山先生“革命尚未成功，同志尚需努力”的使命嘱托，不忘我们推进中国特色社会主义继续强劲前行的责任！

### （三）坚定强国强民、复兴中华民族的决心

从辛亥革命的救国救民，到中国共产党带领中国人民经过艰辛曲折的浴血奋斗，到 1949 年至改革开放再到党的十八大前社会主义建设的富国富民，再到眼下中国特色社会主义现代化建设征程的强国强民，辛亥革命及其先驱

的伟大抱负，在中国共产党的带领下，不仅成为现实，而且在前承后继的坚定推进中，中华民族复兴伟业已经越来越接近实现。

中华民族伟大复兴已经进入不可逆的历史进程。我们的复兴，是全体人民共同富裕，是国家完全统一的携手前行。纪念辛亥革命，要更加坚定地以爱国主义精神为旗帜，以中华民族共同体意识，坚实推进强国强民的事业发展。纪念辛亥革命，要万众一心、坚定信念，为民族复兴伟业的共同奔赴，凝聚最大的向心力、团结力！

# 二十五、关于做好网络主流文化建设、引导和传播的建议

2020 年 3 月，中国互联网络信息中心发布的第 45 次《中国互联网络发展状况统计报告》显示：“截至 2020 年 3 月，我国网民规模为 9.04 亿，互联网普及率达 64.5%。”网络已经成为舆论主战场，能否做好互联网舆情的主流引导，直接关系到我国意识形态安全和政权安全。

但当前在网络舆论引导方面存在以下问题：

一是政府没有主动适应、应变。政府有些部门对网络平台建设重视度不够，电子政务呈现“虚热”状态，存在发布信息不及时、相关信息提供不全面、办事效率低下等，为错误言论、认识、思想占领网络阵地提供了机会。

另外，沿用传统话语体系，不能顺应网络内容采用生动活泼、简明易懂的风格；不善于运用微博、微信等新媒体形式；舆情监管与引导严重缺位，沿用传统行政方式、生硬关停等形式，无法有效解决网络不良舆论监管、把关失灵、无效问题。

二是网络信息泛滥挤兑主流文化建设和引导空间。网络平台存在信息繁杂，负面信息泛滥、负面情绪充斥、负面舆论拥塞等情况，直接影响网民的世界观、人生观、价值观；网民自由、随性地表达，信息存在和传播碎片化，网民群体分化，减弱了主流话语引导效能；网络平台信息发布随意、非理性，挤压了主流文化建设、传播空间，增加了主流舆论引导的难度，消解了主流话语的权威性，削弱了网民对主流意识和内容的接受、认同。

三是非主流信息内容蔓延，挑战主流话语权威。自媒体准入门槛低、传播主体多元、信息源多样，非主流思想与认识有更多的表达空间，使主流媒体及话语权很难一家独大。

四是新技术带来多元文化生态，削弱了主流舆论引导力。国际交流频繁、

深入，社交媒体、大数据、人工智能、物联网、智联网新技术促进网络上多元文化生态的形成，削弱了网民对主流意识的接受度和认同度；网民年轻化，更易受其他不同言论、错误思潮的影响、煽动、侵蚀。

建议如下：

（1）以文化建设主体站位做好内容和话语引导。减少主流媒体以党和政府代言人形象的简单露出，改为以文化建设主体身份开展网上主流文化建设及引导实践。其中，以自信从容、平易近人的历史、文化讲述者，及网络文化主要建设主体的角度，客观讲述中国的过去、现在、将来；减少政治口号和话语的直白、浅显露出，将主流内涵、观点通俗化、平民化、世俗化，表达为网民喜闻乐见的日常形象。

（2）建立主流媒体新闻和文化产品生产并行体系、机制。建立主流媒体网络内容建设研发部，创新网络文化产品生产、传播体系；通过合作、委托、购买等形式，联合网络民企、自媒体达人等，共同开展网络主流意识形态建设、传播工作，将中国主流文化资源，变现为有立场的创意文化产品；要用市场营销等方式，做好主流文化产品的建设、传播工作；基于新媒体、大数据技术，做好产品定位和目标受众捕捉、分析、反馈等工作，进行内容产品精准推送；运用多媒体手段专案策划，做好营销宣传。

（3）建立主流内容及文化生产与传播的社会协同模式。建立主流媒体和非主流媒体平台、企业、个体的联动，协同生产、传播体系、机制、渠道；组织、购买网络平台和优质自媒体，成为建设、传播网络主流意识形态的成员主体；向优质内容生产者学习，合作策划产品选题，生产网络适用的内容产品；联合社会力量，将主流内容产品化整为零、创新包装，并通过民间平台、渠道发布、传播。

# 二十六、关于乡村振兴的点滴思考

## （一）以文化建设助力乡村振兴，要“给”更要“化”

由于历史、地理、曾经的社会二元结构等原因，乡村遗留了许多社会、经济、文化等方面的问题。乡村振兴战略的提出，我认为不仅是小康社会一个都不能少的理念，还是政府的责任——政府职责就是继承传统的、建设当下的、引领未来的。乡村作为中华文化“原来”“初始”“根基”，振兴需要政府支持。

以文化建设发挥在乡村振兴战略中的作用，归根到底是要挖掘、传承乡村文化资源，建设文化乡村，既赋能、赋值，也赋力、赋利乡村振兴。

这牵涉建设什么样文化的问题。我以为，应该是建设乡村新文化。其中，要留艺、留村、留基，也要留人；既为中国发展留下本源，也要振兴新乡村、新文化。

政府对乡村振兴的主导，我以为更重要的还有建设和发展引领职能。对乡村振兴战略，习近平总书记有系统阐述，国家对新农村建设的思路已经越来越清晰，但是作为乡村主体——农民对此却是模糊的、茫然的。

我在想，政府现在着力要解决的，应该是乡村新文化养成和培育问题。通俗地说，就是在最后一公里弄清楚农民接受和需要什么，给到位，渐进促进农民文化、文明素质等方面的提升，形成乡村振兴的自动、自发、自主建设和发展能力。

在调研、思考的基础上，聚焦“新文化”建设，我有以下观点：新文化建设，是将习近平总书记说过的要把核心价值观融入日常生活，以及将市场概念、科技思维，开放、包容意识等化成农民素质和能力。完成这项任务，只布置、传达给乡村基层党支部是不够的；更需要具有新思想、新思维的人群，进入乡村去植入。新文化要由外来或返乡人才引导、激活，再经过一段时间，慢慢养成农民自觉的意识。

再从人的“价值溢出”角度去看，以文化建设助力乡村振兴，要“给”更要“化”——要以各类人才“溢出价值”去培育乡村新文化。

**1. 要让来自城镇的人员成为乡村新文化建设的活水**

2018年中央一号文件强调“强化乡村振兴人才支撑”，并“鼓励各界人士投身乡村建设”。应届大中专毕业生、在校学生、城市志愿者、退休返乡人员、返乡农民工，以及其他有志于乡村建设的人员等，他们的素质、知识、技能和经验，都是“新文化”建设可用资源。其中，毕业大学生参与乡村建设，可解决就业问题，也给予其社会实践及经验积累的机会，能为乡村带来新风；志愿者方面，在进一步完善中国志愿服务体系的前提下，让每个国民都有志愿服务乡村的经历，可与旅游结合，而机关单位也可设置“服务乡村旅游计划”；退休人员方面，鼓励退休人员返乡振兴乡村，成为乡贤；其他参与乡村建设的人员，包括返乡农民工，以及有志于乡村建设的其他人士，都是乡村振兴的力量。政府需要清除政策壁垒，让大学生得到就业或者短期实践机会；创建全社会志愿服务乡村体系、机制；制订各机关单位定点服务乡村计划；建立退休人员返乡加入乡贤队伍常态机制；促使大部分农民工返乡就业。不求拥有，但为所用；不求扎根，但求贡献，促进有需要、有志向、有抱负的各类人才参与乡村建设，激活乡村新文化的环境和氛围。

**2. 要从文化产品与服务的“给”转向新人才涌入的文化“化”**

以文化建设助力乡村振兴战略，其实要以文化产业发展赋“利”，用多种产业经营使乡村获得盈利、推进经济发展；要以文化管理力量赋“力”，用政府强有力的政策倾斜，给予乡村建设最大支持；要以文化乡村建设赋“立”，通过新文化环境的有意设置、新文化内容的日常建设、新文化形式的耳濡目染等，让乡村精气神得以再塑造、新建构。而这些，需要人，需要新人。应将从前更多基于文化产品和服务免费“给”、无偿“送”，转向输送，扶植乡村建设急需的人力、人才。

**3. 要用政策强化新文化建设对乡村振兴持久、有力的支持**

需要给投身乡村振兴的各类人才，配套专项激励、奖励政策。建立政府主导、企业赞助设置的“乡村振兴人才专项基金”，用于项目支持、奖励；实行在人才、先进等评比、表彰项目中的优先推举政策，配套政策的渠道可以多一点，关键是引导更多的人进入乡村文化建设过程。

通过“新文化人”向乡村稳定、长久、强力地导入，一方面让乡村振兴获得更加持续和坚实的实际支持；另一方面，这也是政府和社会可以做，也应该注意的重点。

### （二）助力乡村振兴战略实施，推进全社会人才价值向乡村溢出

习近平总书记指出：“推动农业全面升级、农村全面进步、农民全面发展”，乡村振兴是一项国家重大战略，要摆在优先位置。跨越历史欠债、二元分割体制、经济发展差距，乡村振兴要推进一二三产融合，科技与生态融合，先进、传统、创新文明融合，以及政治与自治、法制、德治的融合等，是新型、新兴农村的全面建设和深刻变革。为此，需要文化建设支持，需要具有新思维、新知识、新技能、新方法的新人，参与乡村建设。

调研中，我们发现，当前乡村普遍存在人员、人力、人才的基础性不足，更别说以农民新形象、新姿态、新能力投入乡村振兴战略。

助力乡村振兴战略，需要从急需人才的给予、输送、扶植做起。

**1. 激活全社会潜力，构建人才向乡村价值溢出体系、机制**

乡村建设需要产业发展、农业生产、乡土文化、乡村治理等多支人才队伍。城市志愿者队伍、退休返乡人员、返乡农民工，以及其他具有新思维、新知识等的有志于乡村建设的人员，他们的素质、知识、技能和经验，都是乡村建设所需和可用资源。进一步规范、强化部门单位定点结对、乡村服务志愿者团队、退休人员返乡帮扶、农民工返乡就业等工作，要在各种人力、人才向乡村倾斜上，有更多的突破、创新。开放乡村建设的社会参与空间，畅通“市民下乡、能人回乡、企业兴乡”等各种通道。以“不求拥有，但为所用”“不求扎根，但求贡献”等选择，激活人才价值，建立灵活、实用的城乡一体化用人、育人体系，让人力在城乡间顺畅交替，使人才向乡村流动成为常态机制。

**2. 加强组织，促进各类人才有序、有位地参与乡村建设**

通过全党全社会强有力的号召、组织、推动，支持人才落户城市，就业乡村；支持人才下乡，用知识赋能乡村。为人才价值向乡村溢出，提供坚实的制度、环境和条件支撑，形成各类人才以不同方式，主动、自动、自发地参与乡村建设的热潮。各地可探索建立自己的引才、用才、留才模式；加强各类人才参与乡村建设档案体系、数据库建设，并纳入联网个人档案；健全

人才分类分层、精准对接乡村建设需要、岗位等清单；根据人才的不同特点、工作特性和主体需要，探索如“一对一”机制等的精准平台、精心服务、精细培育；因才制宜，以结对帮扶、聘为首席专家、实际挂职等模式，促进人才能力发挥、价值实现、社会成长；拓展、丰富全社会参与乡村建设的空间、形式，为各类人才线上、线下参与新时代“上山下乡”实践、锻炼，提供政策、技术、组织、渠道等帮助。

**3. 配套保障、奖励措施，促进乡村建设人才常态汇聚、形成合力**

乡村振兴不仅需要引人、用人、留人，也需要助人、扶人、育人。要关注建设者的切身利益，政府应在薪酬福利、医疗保险、养老保障、创业投资等方面，切实提供实惠、保障和表彰措施：如配置专项高薪、补贴或人才基金；用贷款贴息、投资补助、以奖代补等方式，在城镇保障性住房提供、公租房，以及购置农村宅基地等人才安居方面提供一定的优惠。让人才在各级各类评比、先进表彰中，获得优先推举权；具体人才表彰、奖励评定，可纳入如国土资源部人才引进项目、时代楷模等评价、奖励体系。为更好地引导、调动全社会人才价值向乡村持续溢出，还可探索更多配套激励、奖励渠道和措施。

乡村振兴需要人力支持、人才保障。让文化“下”乡转为建设人才“进乡”“驻乡”“留乡”，变“送”文化为“种”文化，推进全社会人才向乡村建设价值溢出，是一条经济、可行、有效的路径。

## （三）以城乡一体化人才体系建设，更好助力乡村振兴

数据显示，目前全国建有县级图书馆 2 753 个，文化馆 2 938 个，乡镇综合文化站 33 997 个，农家书屋 64 万个。加之广播电视村村通、乡镇综合文化站建设、农家书屋建设、农村电影放映工程、全国文化信息资源共享工程等，文化建设在促进乡村振兴中正在发挥积极作用。

但是，作为跨越历史欠债、二元分割体制、经济发展差距的一项重大工程，乡村振兴是要在产业、生活、文明、治理等领域的全面发展和共同建设，所以，需要新思维、新知识、新技能、新方法，也自然对参与乡村建设的人力、人才提出素质和水平的新要求。

通过调研，我们发现，在乡村基本的文化建设、管理方面，还存在最基础性的人力、人才问题。

**1. 乡村人口、人力、人才极度匮乏**

2005 年开始，中国城镇常住人口及城镇化率不断上升，至 2019 年末，中国城镇常住人口 84 843 万人，比上年增加 1 706 万人，城镇化率 60.60%，比上年末提高 1.02 个百分点。因此，村庄空心化，有效劳动力缺乏，乡村人才外流、缺失严重，实用人才只有 1 690 多万人，占农村劳动力的 3.3%。人口总量不足、实用劳力不够，既懂技术又懂管理的复合型人才更是匮乏，新文化建设无人可用。

**2. 村乡文化管理队伍人手、素质、能力不够**

现有基层尤其是村“两委”人员有限，文化程度偏低，年纪偏大，业务能力总体不足。乡镇基层很少设有独立文化部门，乡镇文化站集多种文化活动于一体，村乡干部文化建设与管理职能很少发挥，无法达到振兴乡村的新文化建设、管理要求。

为此，应将文化产品和服务免费“给”、无偿“送”的方式，转向扶持、培育新文化建设的人力、人才队伍等上来。

# 第五部分　漫谈篇

# 一、中华文明

太玄妙了！形在字先，毫无疑问！但当一定规模的人类统一运用具体的形表意时，被应用的类型就有文明意义了。

可以通过对《易经》得到广泛应用的更多类型的发现、对比、阐述，阐明中华文化文明成型的特点；正名中华文化、文明恩泽人类的长久。

## （一）中华文化的起源

以形意文字为成熟表达的中华文化，从其留存的符号表意解读去洞见更早的文明起源，一定能有更多的早期人类文明发现！毕竟，作为源自动物界的智慧生物，最初是用其生物性的身体，直观地感知环境的，环境留给人类祖先的，也都是直观中的形象。

建立在真实的考古发现、精准的文物分析基础上，我们进行文化溯源的重要性，不仅是为建立文化自信奠定深厚的基础，还在于为人类文明找寻更久远、更宽泛的支持。其间，我们还要觅得来自人类起源处的东方智慧：根深蒂固的中华文化、文明，一旦发扬，便是底蕴深厚、根正叶茂、势不可挡！

## （二）人类文化、文明的起源

人类文明也是一点一点地起势、渐进、生长、积累、突破的，而我们却常常把积累的果当成积累，那些起势的最初，那些渐进的过程，都在后来的确认中可能被忽略了……

文明起源一定比当今共识所认定的出现得更早，表达得更充分，存在得更丰富、精彩；人类认知的局限性也是随着历史的前行，一点一点地不断突破、再设的，科技进步，会拓宽人们的视野、深化人们的认知。

### （三）文明标准与中华文化

所谓文明，是人类以自己的足迹留在自然及种群各处的成型遗迹。而人类在地理区域上的不尽相同，与之遭遇的环境、条件不尽相同，区域性文明成熟的体现也不尽相同。因此，用一种标准去衡量空间、区域出现的不同文明形态，显然存在以偏概全的问题。

当文明进程不断推进时，我们过去所设限的标准，必然要与时俱进，不断推进界宽、界域、界沿等。所以，文化起源的标准，需要重新加以厘清。

### （四）中华文化的本质与特质

中华文化讲求的是“天人合一”，关注的是“天人感应”，追求的是“天下为公”，注重“己所不欲，勿施于人”。这种文化的内核，与人类共同利益和发展，是最大程度的吻合并形成对全人类共同繁荣的支撑。

文明较之文化，应该多一种规制性，需要具有约定人的行为之功用，并具有多人接受规制的特质。

现在探索中华文明之起源，是意义、价值的再正名。而成长中的文化过程，未必就不是文明！判定者建立判定标准、意识，需要有更加开放的心态和站位。

# 二、中国戏曲传承与发展

## （一）中国戏曲的地位与作用

戏曲植根于乡村，从市井中产生。作为诞生于农本社会的艺术形式，戏曲描摹了中国传统社会的人情世故，承载了千百年来人们的喜怒哀乐，体现了传统中国的艺术审美，是文化的重要有机组成部分，在贴近民众、留存信息、教化社会、娱乐人民方面，不可或缺、弥足珍贵。

## （二）如何看待戏曲发展的现状

随着城市化进程的加快，戏曲失去了大众化的优势与地位，相比于现代快节奏的社会生活，如京剧等戏曲表演节奏慢，让习惯了快节奏生活的观众很少愿意花时间、以相同节奏的心境，坐在剧场中欣赏慢条斯理的程式化表演。尤其对青年观众来说，他们很难有耐心，真正沉潜下来，接受过去的程式化故事，接受更多的传统戏曲舞台艺术表演。

同时，文化渐进性发展，为戏曲留得一部分受众。这部分受众偏于传统或保守，或者受生存境况的影响，甚至因家庭熏陶、成长经历、艺术偏爱等的影响，而热衷于传统戏曲。

## （三）戏曲的继承与创新，二者的关系如何处理

对于戏曲艺术，我认为应以继承为主、创新为辅。戏曲的当下和未来，主要是为有限的传统受众存留，并需要基于自身在新的时代文化结构和建设中的生命力，延长作为艺术、文化的生命线。做大幅度的创新，很难再次迎来过去那样的大众化黄金发展时期。可以提取一些戏曲文化艺术元素，结合新时代观众的新要求，再兼容、创新。

### （四）戏曲有无题材限制

戏曲无题材限制，但戏曲艺术表达，对题材选择有要求。戏曲必须表现现实生活，才有存续和发展的可能，否则就是保护、鉴赏的文物。

戏曲当前的现实发展困局，不是因题材问题，我们必须正视艺术风格、审美样态等确实已有的局限。

作为戏曲创新实践探索，新编现代戏是成功案例，其成功源于：一是与时俱进地融入现代内容；二是突破程式化掣肘，成为承载新主题、塑造新形象的艺术载体；三是创制并成功成为大众审美新艺术对象和文化表达形式；四是为戏曲改革提供全方位经验。

### （五）站位历史与当下视角看待革命样板戏

戏曲舞台艺术，应该源于生活而高于生活；应该突出主要人物，只要不人为地削弱反面人物，因为反面人物越强，越是对主要人物的突出；演职员们应该精益求精，保证舞台演出的完美无缺。

创作样板戏时，大规模地调兵遣将，集中最顶尖的演员完成几出戏，是不可复制的创作样式。

事实上，样板戏及其复制成为当时唯一可消费的官方文化产品，不仅钳制了演员创作的自主意识，而且只能在样板的规定中进行创作，违反了艺术创作的自由和创新原则；另外，也制造了文化沙漠，将社会大文化简写成为几出没有深度、没有丰富内涵、没有鲜活生命的样板框架。

但是，作为戏曲创新实践探索，样板戏因为是集当时戏曲创作资源大成者，也为戏曲创新带来了一些经验和启示：一是可以与时俱进地融入现代内容；二是可以突破程式化地去承载新主题、塑造新形象；三是可以通过创新成为大众审美新的艺术对象、文化表达样式；四是虽不可复制，但其间的戏曲改革、探索，可以总结、可以提炼、可以汲取为今天的戏曲创新营养。

### （六）如何看待戏曲程式

戏曲程式的出现和定型，源于戏曲产生、发展的环境、条件和社会功用等。在与社会即时互动中，在一代一代的戏曲人参与、探索中，在戏曲艺术实践和规律的推进、前行中，成为戏曲艺术的重要特质、标签。

程式的形成，符合戏曲艺术的生存、壮大要求，符合文化艺术在农本社会实现自身定位、功能的功用要求，在整合、规范、娱乐、服务社会等方面，都产生过积极的作用。

戏曲程式显然是戏曲得以发展和发挥社会、审美等功用的重要手段、工具。但戏曲程式不应成为是否是戏曲的唯一、绝对判断标准；戏曲程式也不应成为只能严丝合缝的遵守，而不与时俱进创新的束缚。戏曲程式本身，就是在一代又一代的京剧人，特别是“名角儿”们的创新、发展中，不断完善、建构的。

戏曲程式更是戏曲艺术审美的定义。没有市场，亦步亦趋的程式固守、模仿、重复，是故步自封！这不仅会让京剧失去文化传承的活力，而且发展势必式微。

历史要留下的是有生长、有浸润和有传承的戏曲，是在延长线上不断鲜活、丰满的艺术创新，是大众喜欢、社会需要的具有程式特质的戏曲艺术。所谓“古为今用”，与时俱进，在继承中遵循艺术发展规律，合时、适当地突破程式。

如社会文化建设、发展的规律一样，戏曲暨京剧程式艺术，要有足够的心气、容度、雅量，让自己在复式结构中生长、发展。

## （七）如何看待“角”的作用

戏曲是“角”的艺术，“角”以艺术家+艺术程式的规范魅力，成就了戏曲艺术成功的关键。

戏曲人才培养还是师傅带徒弟方式较为成功，戏曲有戏曲的成才要求、范例，这由当时造就戏曲的社会环境、文化范式所造成。

戏曲教育质量的高低、优劣决定了戏曲的未来。不抓创作、不改革创新的剧团，就不会有起色和后劲，也不会拥有未来；不抓青年队伍的剧团，即使有很好的创作，但因为无法得以展现，艺术创作就表现为零。要巩固青年戏曲人才的专业根基，其中文化、艺术修养的基本功也要逐步提高。提高青年戏曲人才的基本功，关键仍在于戏曲教育院校的教育质量。

旧社会京剧科班中常由教头或者富有舞台实践经验的老演员，对后来者进行传授，而新社会的戏校，依然需要那些在京剧艺术实践上卓有成就的老师，他们的传、帮、带，才能把一批本来对京剧艺术有如白纸般的孩子，培养成为京剧人才。也如前辈们一样，京剧人的人生，并不只是通过舞台表演才可以完善、完成的。在舞台艺术中熠熠闪光的成名成家的角儿或曰艺术家，毕竟是京剧人中的少数，这是艺术的规律。更多的，是在相关的研究、教育等领域，有那么一批京剧人，为了京剧艺术的存在和发展，即使作为配角同样也在辛勤劳作。一代传一代，在京剧事业的传、帮、带中，才有京剧的不断发展。

子承父业是中国社会的一种传统，所以，京剧行业里世家子弟承续父母衣钵，进入专业领域的不在少数。新中国成立后，以戏曲学校为中心建立起来的戏曲人才培养体系里，也有不少这些世家子弟。

新中国成立后，在扶持和培养符合新社会要求的京剧剧目、京剧人才上，不遗余力。如为排演现代京剧《红旗谱》，演员曾实地考察，与当地农民打成一片体验生活；如为培养第一批共和国京剧人才，国家曾调遣全国顶尖京剧名家和其他物力、人力、财力资源，办戏校。为了探索京剧发展的可能，用符合艺术创作规律的方式，进行了很多有意义的尝试。其中，蕴蓄了对现实的审视，以及对京剧艺术未来发展的充分期许。

### （八）戏曲的市场现状如何

戏曲有分层、分类、分地区的市场空间。其中分层是接近农村、传统人群；分类是中老年人、戏迷、戏曲研究人员等；分地区是戏曲发端本土、发达地区。

当前，戏曲还是要走分众化、精准化道路。

戏曲的发展之路，我认为有以下几个层面可供选择：

一方面，让戏曲下沉，继续以通俗小众化，获得有限市场；另一方面，可结合新的现实环境、新内容，获得生命延续。

戏曲市场的未来，应该建立在尊重中华民族传统的道德观念、戏曲观众审美情趣和审美习惯的基础上。

如何吸引青年观众？一方面在小时候让其有接触、浸染，形成记忆习惯；另一方面要在年轻人经常去的地方，潜移默化地进行熏陶。

### （九）中国戏曲的发展前景如何

对于中国戏曲的发展前景，我还是认为要更好地加以分层、分类、分地区地加以建设、营销。并在更精准分层、分类、分地区的基础上，基于戏曲当前的发展实际，从四个方向进行保护、建设或创新、探索：

第一，进博物馆。遴选剧目作为活化的博物馆化文物进行建设。这部分需要国家给予全额资金支持，其目的就是保护性留存。运用可用的文化保护方式、手段，建戏曲曲目、历史资料等数据库。

第二，进“庙堂”。遴选代表性剧目，打造真正的精品。一方面由国家给予部分补贴、支持；另一方面精品剧目演出的高票价定位，可以走小众化路线。

第三，进市场。按照受众需要找准目标下沉到喜欢戏曲的民众中去。包括去集市、茶馆等，融入百姓平常的生活中。

第四，进媒介。这是信息的时代，戏曲一方面要兼容更多新的资源要素创新自己的内容和表达形式；另一方面，还要根据不同媒介的特质，去传播、去表达，戏曲发展不是原汁原味地存留，需要与时俱进，允许戏曲元素被“拆解”融为新的艺术创造物。京歌是京剧元素的延生，虽然不是剧，但是京腔京调元素得到利用，这也是京剧艺术的一种形式的新生。

# 五、崛起中的中国与外交的挑战

## （一）当前，中国具有过程“中”的特点

（1）崛起“中”数个“双重”并存：穷和富、弱和强、普通大国和超级大国。

（2）身份决定国家的利益站位，发展中国家，主要争取发展权；发达国家则主要关注大国作为。

（3）国家利益决定对外政策取向，如果是强国，主要关心国际社会实现最好的平衡。

（4）中国崛起的速度太快，各方面未能及时适应。

（5）中国具有的特点是：体量极大，文化传统深厚，体制独特，崛起的中国对现行国际体系冲击巨大。

## （二）给中国带来的挑战

（1）诸多双重性带来更多的不确定性和矛盾，外交方面如不干涉内政是弱国采取的外交政策，走向强国的中国该是什么？

（2）崛起速度太快凸显我们对外界了解不足，经验、能力欠缺。

（3）国人对作为崛起大国的国民心态没有调整好。

（4）外部世界对中国崛起的不接受、不适应强烈。

## （三）一些思考

（1）在处理外交关系时，要尽量在让世界更放心、更支持接受中国崛起上做工作。

（2）需要好好思考走向强国的中国大战略应该是什么。

（3）崛起的中国是否需要依据现实力量调整与西方的关系。过去弱是搭便车，现在强则要站在“开车”的角度构设。

### （四）我的认识

（1）崛起中的国家站位，力量、心态应从弱到强，急需进行全方位的深度调整。

（2）需要进一步加快国家强大的步伐，加快硬实力和软实力强大并举地推进。

（3）中国作为新兴大国，应快速找准合适的“度”。这个“度”，需要区别对待国家、群体、个人，需要为崛起的过程争取支持，需要为崛起后的大国预留影响力。